Sobre Palestina

Hannah Arendt
Thomas Meyer (ed.)

Sobre Palestina

Traducción de Joaquín Chamorro Mielke

taurus

Papel certificado por el Forest Stewardship Council®

MIXTO
Papel | Apoyando la
silvicultura responsable
FSC
www.fsc.org   **FSC® C117695**

Penguin
Random House
Grupo Editorial

Título original: *Über Palästina*

Primera edición: mayo de 2025

© 2024, Piper Verlag GmbH, Múnich
© 2024, Hannah Arendt Bluecher Literary Trust
© 2025, Penguin Random House Grupo Editorial, S.A.U.
Travessera de Gràcia, 47-49. 08021 Barcelona
© 2025, Joaquín Chamorro Mielke, por la traducción

Printed in Spain – Impreso en España

ISBN: 978-84-306-2787-5
Depósito legal: B-4.783-2025

Compuesto en Arca Edinet, S. L.
Impreso en Unigraf
Móstoles (Madrid)

TA 2 7 8 7 5

ÍNDICE

---

* Algunos de los anexos fueron redactados por miembros de la comisión. En tales casos se indica el nombre del autor. Los demás anexos fueron elaborados por el departamento de investigación del instituto.

Thomas Meyer

SOBRE EL PRESENTE LIBRO

Los artículos reunidos por primera vez en este volumen son dos novedades que amplían de manera significativa nuestro conocimiento de la relación de Hannah Arendt con Israel, Palestina y la cuestión de los refugiados. Mientras que el ensayo «La política exterior estadounidense y Palestina» testimonia una intensa reflexión sobre la política estadounidense y la situación en Oriente Próximo y muestra una vez más hasta qué punto sus análisis se basaban en categorías históricas y políticas, el segundo texto en particular representa, cual curiosidad, un hecho «sensacional» en la obra de Arendt. En 1958 era evidente que ya no quería limitarse a hacer un mero análisis de la situación en Israel, los territorios palestinos y los países árabes, sino que por primera y única vez se asoció a otros para encontrar una solución. Ambos textos ofrecen por sí solos una visión completamente nueva de la actividad de Hannah Arendt, y han sido en gran parte ordenados por su biógrafo y experto Thomas Meyer.

Hannah Arendt, nacida el 14 de octubre de 1906 en la actual Hannover y fallecida el 4 de diciembre de 1975 en Nueva York, estudió filosofía con Martin Heidegger y Karl Jaspers, con quien se doctoró en 1928. Arendt emigró a París en 1933 y a Nueva York en 1941. De 1946 a 1948 trabajó como lectora editorial y después como autora independiente. Fue profesora visitante en Princeton y profesora numeraria en la universidad de Chicago. Desde 1967 enseñó en la New School for Social Research de Nueva York.

Thomas Meyer se doctoró en la Ludwig-Maximilians-Universität de Múnich, donde también se habilitó. Tras ocupar numerosos puestos en Alemania y en el extranjero, Meyer enseña filosofía en Múnich. Preparó una edición de los escritos de Hannah Arendt con la editorial Piper y finalmente publicó *Hannah Arendt. Die Biografie.*

PRÓLOGO Y NOTA EDITORIAL

Los dos textos aquí reproducidos datan de 1944 y 1958, respectivamente. Esta referencia no está motivada únicamente por consideraciones filológicas. Ambos textos surgen como respuesta a los acontecimientos y a la situación en Israel, Palestina y los territorios vecinos en aquellos años.

Que el conocimiento histórico pueda contribuir a la comprensión del presente es quizá una cuestión escolástica vacía, pero eso no significa que sea falsa.

El filósofo Hans Blumenberg tenía toda la razón al afirmar que nunca debemos olvidar una «obligación elemental»: «nada humano debe dejarse abandonado».

Para esta edición se han corregido, sin indicarlos, los descuidos y errores evidentes en los textos, es decir, faltas ortográficas, alteraciones numéricas y erratas. También se han adaptado a la ortografía alemana actual las grafías que ya no son comunes hoy en día. No hay otros cambios. Los traductores y editores han adecuado sus notas, comentarios y explicaciones a la lista de los miembros de comisiones para una mejor comprensión del contexto histórico. También hemos tratado de identificar y registrar íntegramente la bibliografía citada o tan solo mencionada.

THOMAS MEYER
Berlín, mayo de 2024

LA POLÍTICA EXTERIOR ESTADOUNIDENSE Y PALESTINA[1]

Hannah Arendt

Mapa esquemático de la época (1944)

El aplazamiento de la Wagner-Taft Resolution[2] ha asestado un duro golpe a la causa del pueblo judío y, además, ha causado gran preocupación a todos los ciudadanos estadounidenses que apoyan la causa de la libertad y la seguridad de las naciones pequeñas. No es que nadie creyera que la adopción de una resolución pudiera resolver los graves problemas de Palestina o influir directamente en la obstinada política de la Colonial Office inglesa.[3] Pero la aceptación de la resolución habría expresado de manera inequívoca que el Congreso estadounidense es, como órgano elegido por el pueblo, lo suficientemente fuerte como para mostrar una y otra vez el camino en cuestiones fundamentales a los expertos en política exterior, que, por su condición, dependen menos de la voluntad del pueblo que de las oportunidades y circunstancias diarias que afecten a los intereses de las políticas de poder. Es indudable que les preocupa el petróleo de Arabia Saudí[4] y, por tanto, les resultaría inoportuna y molesta la voluntad de cinco millones de estadounidenses de ascendencia judía de ayudar a su pueblo en Europa y la simpatía activa de sus conciudadanos. Por otra parte, es indudable que corresponde al Congreso hacer valer la voluntad del pueblo estadounidense en estas cuestiones de política exterior. Armonizar a los expertos con la voluntad política del pueblo es una tarea siempre recurrente de la política exterior estadounidense.

La reciente declaración de Cordell Hull,[5] en la que prometía dar voz al Congreso en las decisiones del Departamento de Estado[6] se halla en consonancia con la mejor tradición de la república estadounidense.

Dado que, hasta ahora, Estados Unidos no ha establecido una diplomacia profesional, se ha ahorrado ciertas experiencias que otros pueblos han tenido con los especialistas y expertos en política exterior. Con la acusación de que no son «realistas», las mejores fuerzas de los pueblos se han visto durante decenios condenadas a la inactividad y a la falta de influencia en Europa. Sin ningún tipo de control democrático, los *Realpolitiker* han podido colmar a sus pueblos de pruebas de su incapacidad para evaluar y juzgar realidades. Solo poco a poco se hizo evidente que la palabra de moda, *Realpolitik*, ocultaba una política cotidiana oportunista que, debido a su falta de principios, se exponía de forma despreocupada al flujo constante de pequeños acontecimientos cotidianos y, por tanto, seguía necesariamente un confuso camino en zigzag y, finalmente, provocaba un caos en el que no se podía apreciar resultado alguno. El verdadero motor que puso en movimiento esta maquinaria de oportunismo fue una añoranza utópica e irreal de los viejos tiempos en los que uno podía invertir su capital con seguridad y provecho en las más diversas partes del mundo, como manifestó Chamberlain con toda franqueza justo después del acuerdo de Múnich.

La resolución sobre Palestina se basaba en el principio tradicional de la política exterior estadounidense de fortalecer la causa de los débiles y oprimidos siempre que sea posible e influir en el curso de los acontecimientos en otros países del mundo en la medida de lo posible en el espíritu de la libertad y la igualdad, es decir, en el espíritu de los cimientos mismos de la república estadounidense. Esta resolución se sacrificó en aras de ciertas consideraciones oportunistas, detrás de las cuales no puede suponerse ningún principio, y menos uno antijudío.

Por supuesto, algo así siempre puede ocurrir, y si en el presente caso afecta a un pueblo que ha sufrido con especial dureza los acontecimientos de los últimos años y un tipo de gobierno con el que ningún país, y menos Estados Unidos, puede habitar la tierra, un lapsus tan ocasional no tiene por qué significar demasiado. Desgraciadamente, esta derrota del Congreso en una cuestión fundamental de la tradición humanitaria estadounidense coincide con ciertas tendencias del país que han encontrado una expresión temporal en determinadas teorías de aficionados a la política exterior que intentaron persuadir al pueblo estadounidense de que no ha habido política exterior durante sesenta años porque ha habido una política idealista que solo conocía las «grandes palabras», pero rehuía los compromisos; de que eso está lejos de la realidad y de que su tradición de libertad y su aversión a la opresión es palabrería humanitaria vacía que solo sirve para hacerles quedar mal en todos los grandes asuntos de poder del mundo, y que es preciso cambiarla hoy mejor que mañana por una verdadera defensa de intereses, por petróleo real. Este nuevo oportunismo es más utópico que cualquier ideal y, desde luego, está más alejado de la realidad que los principios humanitarios tradicionales de Estados Unidos. Mientras que el petróleo real puede verse afectado mañana, a pesar de todas las concesiones, por un segundo levantamiento en el desierto, y volverse superfluo pasado mañana por un nuevo procedimiento para obtener petróleo sintético, la tradición humanitaria de la política exterior estadounidense se basa en las realidades de la república, que no cambiarán mañana ni pasado mañana, y desde luego no lo harán de la noche a la mañana.

Una de las realidades fundamentales de la política exterior estadounidense radica en el hecho de que los habitantes de este continente no vinieron de la Luna, sino de todas las partes del mundo con las que Estados Unidos mantiene una relación de política exterior, de que en los últimos sesenta años han desembarcado en las costas del Nuevo Mundo oleada tras oleada de inmigrantes del Viejo Mundo, y de que hoy en día partes más o menos grandes de todos los pueblos europeos y de la mayoría de los pueblos no europeos disfrutan de los derechos civiles estadounidenses. La política exterior estadounidense siempre ha tenido que contar con este hecho, único en nuestra historia conocida. En consecuencia, cada cuestión de política exterior tiene aquí también un importante reflejo en la política interior. Cada vez que una de las muchas naciones madres de la población estadounidense se ha visto amenazada por la opresión, cada vez que uno de estos países ha desplegado un verdadero movimiento por la libertad, la opinión pública estadounidense se ha solidarizado con el grupo étnico afectado en su país y ha obligado al Gobierno a intervenir con mayor o menor firmeza en favor de los oprimidos. Los compromisos eran muy difíciles de asumir y debían mantenerse al mínimo precisamente porque había que tener las manos libres para las intervenciones más diversas. Y, así, lo que desde fuera parecía un sinsentido idealista sin ninguna acción real detrás, era en realidad el funcionamiento de una maquinaria democrática muy complicada en la que la voz del ciudadano común era más importante para las decisiones de política exterior que en cualquier otro Estado.

En este sistema, el Departamento de Estado tiene la función de representar los intereses de la nación estadounidense en su conjunto, haciendo el uso más preciso posible de los tremendos activos de confianza de que goza en todas las partes del mundo debido a su población mixta y a su tradición liberal. Un distanciamiento de la política exterior del pueblo y del Congreso tendría consecuencias aún más graves en este país que en los países europeos. Una desatención a la voz del Congreso se desharía de las mejores cartas de la política exterior, esa incomparable relación íntima con todas las partes del mundo. Por otro lado, haría que los grupúsculos nacionales se organizaran como grupos de presión e intentaran hacer valer intereses particulares a los que en ocasiones habría que obedecer.

Mientras los cimientos de una actitud esencialmente optimista permanecieron inquebrantables en Estados Unidos, el Congreso y el Departamento de Estado pudieron complementarse sin demasiadas fricciones. Solo el Tratado de Paz de Versalles[7] quebrantó este feliz equilibrio, en el que los grupúsculos nacionales se sentían protegidos y apoyados sobre una base común estadounidense. El peligro es doble: el Congreso se ve amenazado por el particularismo, como en el caso de las vehementes protestas de cinco millones de polacos, a los que nada parece interesarles tanto como la frontera oriental de su patria.[8] El Departamento de Estado, por su parte, tiende cada vez más a deshacerse de todo control y de toda injerencia que perciba como particularista y a monopolizar la política exterior a través de gabinetes europeos. Lo que con tanta facilidad induce a los observadores contemporáneos de la política exterior estadounidense a creer que hay pocas decisiones políticas tangibles tras las altisonantes palabras de la resolución del Congreso es el hecho lamentable de que, desde las grandes decepciones de la posguerra, el Departamento de Estado se ha mostrado menos inclinado que antes a seguir la voz del Congreso, y las resoluciones a favor de los pueblos oprimidos casi nunca han ido seguidas de algo

más que de un educado gesto de protesta. [Esto resulta especialmente claro cuando se compara la intervención del Gobierno estadounidense a favor de los judíos hasta la Primera
Guerra Mundial con su comportamiento durante la persecución de los judíos en Polonia y Alemania en los años treinta.
No faltaron las manifestaciones de protesta del Congreso. La
opinión pública estadounidense siempre ha comprendido
muy bien que cualquier legislación discriminatoria contra los
judíos de cualquier país se propone «to discredit and humi-
liate American Jews in the eyes of their fellow-citizens». Am.
Intercession, etc. p. 251].[9] Es de esperar que esta falta de
contacto extraordinariamente peligrosa entre el Congreso y
el Departamento de Estado haya llegado a su fin con la declaración de Hull. No hay duda de que esto hará mucho más
difícil el trabajo del Departamento de Estado. Pero un país
cuyo mayor privilegio es construir un nuevo mundo con los
desfavorecidos y los oprimidos de todo el mundo debe contar
con tales dificultades. Y como en su composición demográfica reúne todos los modelos de la Tierra, es también el único
país que puede realmente dirigir la política mundial sin volverse utópico o imperialista.

El factor decisivo para evaluar los procesos que condujeron al aplazamiento de la resolución sobre Palestina es la
respuesta a la pregunta de si en este caso los intereses particulares, es decir, judíos, entraron realmente en conflicto
con los intereses generales de la nación estadounidense en
su conjunto. Esto es lo que afirman los grupos que piden la
implicación activa del Gobierno estadounidense en la ob-
tención del petróleo árabe y la construcción de un oleoducto desde el golfo Pérsico hasta Haifa y Alejandría.[10] Si es
cierto que «the strength of the opposition can be measured
by the depth of Arabian oil» [citado de *TIME Magazine,*

edición del 20 de marzo de 1944, p. 19],[11] entonces las razones militares que esgrimió el general Marshall[12] contra la resolución son objeciones de mucho peso, así como la presión ejercida por los Estados árabes sobre el Gobierno americano. Pero entonces también está claro que las razones militares, como la presión árabe, no solo están relacionadas con la actual situación de guerra, y que es improbable que esta situación cambie una vez instaurada la paz. Cuantos más disturbios amenacen con provocar los árabes, más soldados necesitará el Gobierno estadounidense para proteger los oleoductos y las torres de perforación petrolífera. Las concesiones a los árabes pueden reducir significativamente el coste militar de la explotación de las materias primas en Oriente Próximo.

Esta especie de cálculo está por entero en la línea de la política de la British Colonial Office y finalmente ha conducido al White Paper.[13] Si uno la sigue, no le queda más remedio que hacer concesiones a sus enemigos y ofender a sus amigos en todas partes. En este sentido, a los judíos no les ha ido de manera diferente que a los checoslovacos.[14] El White Paper ha sido caracterizado con razón como el producto de la política de apaciguamiento que permanecerá inseparablemente asociada al nombre de Chamberlain.[15] Y es asombroso que hoy, tras el catastrófico desarrollo de esta política y su decisiva liquidación por el Gabinete de Churchill,[16] la política palestina del Gobierno británico no haya cambiado y el White Paper se introduzca en la política actual como una última ruina de un tiempo pasado.

El motivo de esta obstinada perduración es muy sencillo. La política de apaciguamiento ha sido liquidada por el Foreign Office[17] en relación con Europa. En cambio, la política de la Colonial Office ha permanecido inalterada y esta sigue determinando hoy la política inglesa en Palestina. La Colonial Office y la Colonial Administration recibieron la Declaración Balfour[18] con abierta desconfianza; siempre consideraron que el establecimiento del Jewish National Home[19] era un grave error y, en términos generales, siempre fueron proárabes más que projudíos (aunque, por supuesto, nunca fueron realmente antisemitas). En el Foreign Office, nunca fueron capaces de aplicar esta política para Palestina hasta los tiempos de Chamberlain, aunque se aseguraron una importante influencia allí a través de la administración palestina. Cuando Churchill protestó contra el White Paper y el Gabinete de Chamberlain (que lo adoptó), hablaba en el fondo como defensor de la vieja política del Foreign Office, con su tradicional desconfianza hacia el nacionalismo árabe antieuropeo y su tradicional confianza en el sionismo como movimiento nacional de un pueblo europeo y proinglés. Para la Colonial Office, pero no para Churchill ni para el Foreign Office, tanto los judíos como los árabes son pueblos coloniales a los que hay que aplicar los métodos de la política colonial inglesa. El White Paper es un producto neto de esta política colonial inglesa, a la que el Foreign Office se resistió con éxito hasta los días de Chamberlain. Hoy es más difícil que nunca para los ingleses oponerse a los anticuados métodos de la Colonial Office sin que parezca que quieren poner en peligro la Commonwealth británica ahora que la guerra ha amenazado todos estos territorios y ha afectado tan seriamente a todo el sistema del imperio. Si la Resolución Wagner-Taft se hubiera aprobado en el Congreso, probablemente habría sido una buena oportunidad para que el Foreign Office y Churchill se deshicieran del White Paper de una forma u otra. En lugar de ello, por desgracia, la Colonial Office de este país salió reforzada y el Foreign Office sufrió una derrota.

La importancia actual de Oriente Próximo tanto para Inglaterra como para Estados Unidos puede resumirse hoy en la palabra petróleo. La cuestión de las reservas actuales de petróleo de estos países y su eventual complementación con las reservas aún no explotadas en Irak, Irán y Arabia Saudí desempeña un papel relativamente menor. El control de las líneas aéreas del futuro dependerá no tanto de las reservas internas reales de petróleo de cada país como del número de bases petrolíferas que tengan en el mundo para poder reabastecer de petróleo a los aviones en cualquier lugar. Oriente Próximo ocupará una posición clave en el futuro sistema de rutas aéreas mundiales. La posesión de estaciones de reabastecimiento y el control de aeródromos para hacer escala desempeñarán en el mundo de mañana un papel tan decisivo como la posesión de colonias en el mundo de ayer. La cuestión que se ha planteado en el debate sobre Palestina es simplemente si se querrán utilizar los métodos coloniales de dominación de ayer para dominar esas necesidades del mañana.

Es incuestionable que la Colonial Office se está preparando para ello. En los pueblos que hoy viven en las zonas ricas en petróleo de Oriente Próximo solo ve a los posibles guardianes o las posibles amenazas que puedan encontrar las líneas petrolíferas inglesas y de la ruta hacia la India. Es posible, e incluso probable, que en poco tiempo se dé cuenta de que los judíos son más útiles que los árabes para custodiar el oleoducto y favorezca entonces a los judíos. Porque la victoria que los árabes han obtenido al presionar con éxito para que saliera adelante la resolución estadounidense sobre Palestina es mayor, y es probable que los lleve más lejos de lo que la Colonial Office británica pueda admitir. Los árabes de los diversos estados, que hasta ahora no han podido ponerse de acuerdo más que en una hostilidad común hacia el hogar

nacional judío en Palestina, sin duda deben sentirse muy for-
talecidos por la experiencia de que esta actitud puramente
negativa es suficiente para hacer una política panárabe y lograr resultados positivos con las grandes potencias. Dado que
la hostilidad hacia los judíos es la única carta que pueden
jugar sin arruinar sus planes con todas las grandes potencias
o sin crearse problemas entre ellos, será natural que vengan
cada vez con más exigencias a este respecto. Y esto, a su vez,
puede persuadir muy pronto a la Colonial Office, que no
quiere liquidar a los judíos de Palestina, de que cambie su
actitud antijudía. Puede que tal cambio de actitud beneficie
a los judíos a corto plazo, y cabe suponer que hay ciertos
círculos judíos que esperan precisamente esto. Lo cual no
cambiaría en lo más mínimo lo esencial de la política de la
Colonial Office.

Estados Unidos es un recién llegado a Oriente Próximo.
Su gran oportunidad es que no tiene tradición colonial ni
aspiraciones imperialistas, y que, por lo tanto, puede contar
con la confianza y la buena voluntad de su población de un
modo completamente diferente al de los ingleses. No ha sido
arrastrado a este atolladero de intereses nacionales y económicos contrapuestos por *big business* en forma de grandes
compañías petroleras, sino que se vio obligado a ello por las
necesidades reales de la futura navegación aérea estadounidense. Así, por primera vez en su historia, la República Americana se ha interesado por las cuestiones coloniales a escala
mundial. De ello dependerá en gran medida de qué manera y
en qué grado de respeto por la igualdad y la independencia de
otros pueblos se resolverán los nuevos grandes problemas
que plantean inevitablemente las grandes oportunidades de
desarrollo de la aviación. La adopción de los métodos coloniales sería aún más desastrosa para el bienestar de la humanidad

que en el pasado. El número de pueblos coloniales aumentaría de forma alarmante. Los pueblos que no participaran en el control de las bases petrolíferas caerían sin piedad en el estatus de pueblos coloniales. No cesarían los enfrentamientos entre los grandes grupos de poder, las grandes guerras y las pequeñas rebeliones, que requerirían una constante vigilancia policial y militar en los lugares más remotos de la Tierra.

Los acontecimientos de esas semanas, la actitud ambigua de Ibn Saud,[20] que a todas luces intenta enfrentar a estadounidenses e ingleses en beneficio de sus finanzas personales y estatales, la repentina declaración de Egipto de imponer elevados derechos de importación y exportación al petróleo estadounidense y, por último, el asombroso descubrimiento de que Palestina, y por tanto Haifa, también estaba fuera del asunto del oleoducto, ya que como territorio bajo mandato no se le permitía tener una relación contractual con ninguna potencia extranjera que no fuese Inglaterra [Conforme a la política favorable a los árabes de la Colonial Office británica, esta cláusula es la más importante de todo el sistema del mandato. Ya en mayo de 1919, lord Milner escribió a Lloyd George: «La independencia de Arabia ha sido siempre un principio fundamental de nuestra política para el Este, pero eso debe implicar que sus gobernantes solo establezcan tratados exteriores con nosotros». En David Lloyd George, *The Truth about the Peace Treaties*, Londres, 1938, vol. 2, p. 900],[21] señalan con gran claridad los peligros que amenazarían la estabilidad de la política exterior estadounidense si esta siguiera el ejemplo de la Colonial Office.

Pocas semanas después de que la resolución contra el White Paper hubiera sucumbido a los intereses de un futuro oleoducto, la construcción del oleoducto ya se había vuelto totalmente cuestionable. Con lo cual ha quedado claro que los principios de la política exterior estadounidense en los que se basaba la Resolución Wagner-Taft no han sido abandonados tanto en favor de los intereses superiores de la nación en su conjunto como de los intereses muy efímeros y particulares de una política que sigue siendo totalmente incierta e inestable.

Está claro que para Estados Unidos, como recién llegado a la situación sumamente compleja de Oriente Próximo, deben resultar tentadores los métodos coloniales anticuados y solo aparentemente acreditados de su socio más antiguo en Oriente Próximo, la Colonial Office. Esto puede ocurrir tanto en forma de cooperación como de competencia. Parece que ya hemos pasado por ambos estadios, al menos hasta cierto punto, con la asombrosa rapidez que caracteriza a nuestra época. El primer estadio de cooperación condujo al aplazamiento de la Resolución Wagner-Taft. Apenas se hubo garantizado la entrada en vigor del White Paper por la ayuda estadounidense, o al menos por el silencio estadounidense, el gobernante del golfo Pérsico declaró que prefería el Gobierno británico al estadounidense y el gobernante de Alejandría hizo que todo el asunto dejara de ser rentable a causa de su política aduanera, mientras hubo que descubrir que solo la Sociedad de Naciones, que ya no existe, era el negociador competente para Haifa. Inglaterra y Estados Unidos aparecieron de repente como competidores, y los árabes como el tercero al que hacían reír. Mientras tanto, ya se especula con la posibilidad de considerar a Rusia como el tercer socio o competidor en la cuestión de Oriente Próximo.

El gran peligro que corren estos territorios es claro. Las grandes potencias, que no ocupan ni una pizca de terreno en el Mediterráneo, pueden verse llevadas, por las necesidades de sus futuras líneas aéreas y otros intereses petrolíferos, a intentar dominar juntas todo este territorio o a tratar de arrebatárselo unas a otras.

Todo Oriente Próximo, de hecho, toda la región mediterránea, corre el riesgo de convertirse en el futuro polvorín del mundo. La cooperación para ejercer un dominio conjunto sobre los pueblos pobres en petróleo, en todo caso, reforzaría el ingenio de los pueblos afectados, pero en cualquier caso habría que contar con incesantes revueltas e intrigas. La libre competencia entre las grandes potencias por el dominio de estos territorios pronto daría lugar a las más asombrosas y peligrosas alianzas y conexiones cruzadas. A la luz de semejante política, no solo los judíos, no solo los árabes, sino todos los pueblos del Mediterráneo aparecerían pronto como pueblos molestos u obstructivos, como estorbos.[22]

Naturalmente, podría también suceder que se intentara conceder a uno u otro de estos pueblos ciertas posiciones de ventaja. El antiguo *divide et impera* siempre puede modificarse para adaptarse a los tiempos. Las concesiones que hoy se hacen a los árabes también pueden favorecer a los judíos en un nuevo intervalo. El gobierno de potencias lejanas siempre ha tenido que apoyarse en grupos locales que, como agentes y guardianes de posesiones e intereses extranjeros, han cosechado ciertos privilegios junto al odio y la envidia de sus vecinos. Solo que las ventajas para esas partes intermedias suelen ser mucho más efímeras que el odio y la envidia.

En lo que respecta a los judíos de Palestina, solo habría para ellos una posición que sería aún más desfavorable que la actual, cuando se intenta utilizarlos como concesión a los árabes. Ello consistiría en que fuesen elegidos como guardianes de aquellos intereses y recompensados con privilegios de esta clase. Y eso puede muy bien suceder si los árabes siguen guiándose en su política solo por criterios comerciales y por «principios» de extorsión. Si se llegara a una competición real entre Inglaterra, Estados Unidos y Rusia por la influencia política decisiva en Oriente Próximo, sería del todo inevitable que, en el caos de intereses contrapuestos que surgiera, una de estas potencias tratara de asegurarse la ayuda de los judíos para proteger sus intereses.

En tal caso, lo que podrían esperar los judíos sería protección. Entrarían en el juego de las grandes potencias sin constituir una potencia. Dependerían de la protección para defenderse de sus vecinos, con los que, siendo representantes de intereses no nacionales, entrarían en un conflicto de intereses que, en comparación, el actual conflicto árabe-judío sería inofensivo. Pues el conflicto árabe-judío puede resolverse y se resolverá en el marco de una cooperación amistosa entre todos los pueblos mediterráneos, que, en aras de su independencia política y de su libre desarrollo económico, dependerán en cualquier caso de unas buenas relaciones de vecindad y quizá incluso de una federación. Cualquier pueblo que, como hoy los árabes, ponga en peligro las buenas relaciones con sus vecinos por algunas ventajas a corto plazo, comprará muy caro, probablemente demasiado caro, cualquier privilegio garantizado por potencias lejanas.

La protección de potencias lejanas es siempre un asunto embarazoso y, en tiempos de crisis, poco fiable. La historia del pueblo judío en Europa es un ejemplo aleccionador. Nada ha perjudicado tanto su integración en la comunidad de los pueblos europeos como la desafortunada constelación que lo introdujo en la historia occidental moderna, donde se convirtió en representante de intereses extranjeros (como en el caso de Polonia) o en agente de cortes lejanas en casi todos los países europeos. Si volviera a ocurrir lo mismo en Palestina, el Hogar Nacional Judío devendría en una sátira de sí mismo, la situación del Yishuv pasaría a ser uno de los problemas más graves de la galut y el pueblo judío vería mermada su mayor esperanza.

Lo que el Hogar Nacional Judío en Palestina tiene derecho a esperar de la política exterior estadounidense y de sus hermanos estadounidenses no será nunca la protección directa, sino esa simpatía activa y ese aliento que la República siempre ha dado a quienes habitaban repartidos entre su población. La contrapartida de los judíos de Palestina no puede ser nunca una vigilancia de los intereses petroleros de Estados Unidos. Solo puede consistir en esa confianza que los pueblos del mundo siempre han depositado en la gran República de América y que mañana demostrará ser uno de los activos más importantes de la política exterior estadounidense.

EL PROBLEMA DE
LOS REFUGIADOS ÁRABES

Resumen del informe del Institute for Mediterranean Affairs

Abba P. Lerner

El siguiente resumen de un informe sobre los elementos y la posible solución del problema de los refugiados árabes debe su origen a la iniciativa del Institute for Mediterranean Affairs de Nueva York. Entre los iniciadores de esta organización se cuentan Roger N. Baldwin, presidente de la Liga Internacional de Derechos Humanos, el profesor Josef Dunner, el profesor Nasrollah Fatemi, exdelegado de Irán ante las Naciones Unidas, el profesor Abba P. Lerner, exasesor económico del Gobierno israelí, Peter H. Bergson (Hillel Kook) y el profesor Eri Jabotinsky, exdelegado de la Knesset y un gran número de personalidades judías y no judías de Estados Unidos.

Contribuyeron al informe la prof. Hannah Arendt, el prof. W. J. Cahnmann, el prof. Josef Dunner, el prof. Nasrollah Fatemi y el periodista Don Peretz. El resumen es obra del prof. Abba P. Lerner. (Red.)

En la actualidad hay cerca de un millón de personas allende las fronteras del Estado de Israel, desarraigadas de sus hogares, economías y oficios, que se sostienen principalmente por la caridad de una institución temporal de las Naciones Unidas que carece de fondos; viven en la ociosidad, en la decepción y la amargura, más de un tercio de ellas en campos de refugiados. Llevan diez años viviendo allí (salvo los niños que les han nacido entretanto), esperando que se haga algo para devolverles una vida productiva normal, pero no hay a la vista ningún plan global para su rehabilitación. Son los refugiados árabes palestinos.

Desde el final de la Segunda Guerra Mundial, muchos millones han acabado como refugiados en otras partes del mundo, pero la mayoría han sido rehabilitados. Gran parte de los que eran refugiados hace diez años han sido reasentados. Pero los refugiados palestinos fuera de Israel siguen siendo refugiados, y su número aumentó de 726.000 en 1948 a 855.000 en 1951 y a 934.000 en 1957.

ASPECTOS NO RELEVANTES

Los debates sobre el problema de los refugiados árabes incluyen a menudo puntos que no son en absoluto relevantes para un enfoque constructivo del objetivo esencial: el restablecimiento de una vida normal para los refugiados.

Es irrelevante debatir, por ejemplo, sobre quién tiene la culpa del destino actual de los refugiados. El problema es el mismo tanto si abandonaron sus tierras porque las fuerzas israelíes los expulsaron como si cooperaron con los ejércitos árabes invasores, o por otros motivos o ninguno de ellos.

Del mismo modo, puede ignorarse el debate incesante sobre si los refugiados son «auténticos» refugiados de la Palestina israelí. La situación no sería menos complicada ni se aliviarían las tensiones limitando el problema únicamente a los refugiados «auténticos» de la Palestina israelí. Entre los refugiados hay muchos que proceden de la Palestina árabe. Hay muchos casos dudosos o extremos. Sin duda hay quienes nunca fueron refugiados palestinos, pero fingieron serlo para recibir raciones y otros beneficios.

LOS HECHOS

Los principales factores del problema pueden resumirse con brevedad. Aproximadamente un millón de refugiados necesitan volver a una vida normal (185.000 familias).

Cuatro quintas partes de los refugiados viven dentro de Palestina, concretamente en la Palestina árabe, la parte de Palestina que ha estado bajo el control de Egipto (la Franja de Gaza) y del Reino de Jordania (Jordania Occidental) desde el armisticio de 1949.

Algo más de la mitad de ellos (518.000 en 1957) viven en Jordania, donde se han convertido en súbditos del Reino de Jordania y desempeñan un papel político activo y a veces decisivo en ese país; casi una cuarta parte de ellos (221.000 en 1957) viven en la Franja de Gaza, a la que recientemente se ha concedido cierta autonomía política con igualdad de derechos para refugiados y autóctonos.

La quinta parte restante vive en Líbano y en Siria. Han encontrado trabajo hasta cierto punto y han sido absorbidos económicamente, aunque se les niega la ciudadanía.

Alrededor de 200.000 árabes viven en Israel. No son refugiados. Forman parte de los árabes que permanecieron en la Palestina israelí en 1948, unos 46.000 que fueron refugiados en Israel en 1950 bajo el manto protector de la UNRWA, los mismos que siguen hoy en Líbano y Siria, y 35.000 exrefugiados que han llegado a Israel desde 1948.

«VOLVER A CASA»

Se asegura que los refugiados son casi unánimes en su deseo de «volver a casa». Esto puede significar una o varias cosas diferentes con distintos grados de posibilidad.

Volver a casa puede significar regresar a su país de origen. En sentido estricto, cuatro quintas partes de los refugiados viven en su país de origen, si eso significa Palestina. Por supuesto, no puede ser eso lo que se quiere decir.

Puede significar regresar «a su propia tierra», es decir, vivir en un estado árabe independiente que es Palestina, pero nunca hubo un estado árabe independiente en Palestina. También puede no significar otra cosa que «volver a 1947». Esta es probablemente la interpretación más clara de dichas palabras para muchos refugiados y, tomada literalmente, implicaría la desaparición del Estado de Israel junto con los más de un millón de judíos que han entrado en el país desde 1947. También podría significar vivir en el nuevo Estado de Israel como miembros pacíficos de una minoría árabe en un país predominantemente judío. Puede significar que cada refugiado regrese individualmente a su antiguo hogar con su economía y su profesión. En muchos casos, las propiedades de los refugiados han sido destruidas. En la mayoría de los casos la propiedad ha cambiado de manos, ha sido reconstruida, desarrollada y reemplazada, ya sea por inmigrantes judíos o por otros árabes que se han reasentado allí. Desplazar a los nuevos propietarios no solo ocasionaría litigios interminables, sino que provocaría un nuevo flujo de refugiados. Por último, puede significar el retorno al antiguo modo de vida y el antiguo ambiente en otra ciudad o pueblo árabe si no es posible en el mismo lugar.

Israel es reacio a readmitir a un gran número de refugiados.

Muy pocos de los refugiados pudieron ser autosuficientes gracias al plan de rehabilitación de la UNRWA o estuvieron en condiciones de emigrar. El Gobierno de Israel ha liberado la mayor parte de los activos de los refugiados árabes bloqueados en bancos israelíes. Una compensación completa por las propiedades que quedaron en Israel solo bastaría para asentar a una pequeña parte de los refugiados. Se estima que el coste de asentar a una familia árabe media, aparte de la tierra, se acercaría a los 2.500 dólares; por cada dos familias asentadas en el país, otra familia podría encontrar un medio de vida mediante la prestación de servicios necesarios con un coste comparable en vivienda y mobiliario.

Entre los inmigrantes en Israel hay unos 150.000 judíos de Irak y Egipto que tuvieron que abandonar allí sus propiedades. Estas personas exigen igualmente una compensación por el valor total de las propiedades que dejaron en países árabes.

Estos parecen ser los principales factores de importancia. El siguiente paso consiste en enumerar las condiciones básicas que deben cumplirse si se quiere resolver el problema.

ESPECIFICACIONES PARA UNA SOLUCIÓN

La solución debe proporcionar un hogar decente, una economía u otros medios de vida para cada familia de refugiados. La solución debe ser aceptable para los refugiados árabes, reconociendo la justicia de su exigencia (cualesquiera que sean los derechos que puedan tener en virtud del «derecho internacional») de determinar por sí mismos si renuncian a su derecho como nacidos en la parte israelí de Palestina o lo mantienen. Se les debe dar la posibilidad real de elegir entre:

1) la repatriación a Israel o 2) el asentamiento en la Palestina árabe o 3) el reasentamiento en uno de al menos otros dos países árabes en las mismas condiciones mínimas de subsistencia que se proporcionen en cada caso.

La solución debe garantizar a cada refugiado árabe una compensación por el valor total de las propiedades que dejó en Israel. El mismo derecho a una compensación deben tener los inmigrantes judíos procedentes de países árabes cuyas propiedades hayan sido confiscadas.

La solución debe ser aceptable para Israel en el sentido de que no socave su existencia y, por lo tanto, debe contener claras garantías de las intenciones pacíficas de los refugiados que regresen a Israel. No debe representar una amenaza para la existencia o las fronteras de ningún país. La solución no puede desarrollarse de forma independiente por una de las partes implicadas o por una serie de organismos no relacionados. La restitución, la compensación, el retorno y el reasentamiento deben estar en manos de una autoridad internacional para que todas las partes sientan que se las trata como es debido.

Los gobiernos de los distintos países de Oriente Próximo deben proporcionar esas tierras no utilizadas que sean aptas para el reasentamiento, y todos ellos deben cooperar para llevar a cabo la tarea de reasentamiento y rehabilitación.

LAS DIMENSIONES DEL PROBLEMA

Un análisis ecuánime de los factores de la situación y de las condiciones que deben cumplirse demuestra que el problema no es tan abrumador ni tan irresoluble como lo han descrito los portavoces árabes e israelíes.

El coste total del asentamiento de todos los refugiados árabes que no puedan pagar con su compensación todos los gastos sería inferior a 400 millones de dólares. Esta es una cifra extrema y cubriría el asentamiento de 160.000 familias necesitadas de ayuda (de las 185.000 familias de refugiados árabes) a 2.500 dólares por familia. Asentar al «millón» de refugiados llevaría entre cinco y diez años, por lo que el coste anual sería de entre 40 y 80 millones de dólares. Entre las posibles fuentes de estos fondos se encuentran: el presupuesto del Gobierno israelí (644 millones de dólares en 1958), los ingresos petroleros de las naciones de la Liga Árabe (435 millones de dólares en 1957), el dinero destinado a armamento de israelíes y árabes (unos 500 millones de dólares en 1958) o los fondos estadounidenses para el desarrollo económico y la ayuda en la zona.

Mucho más serio que lo elevado de los costes es el conflicto aparentemente irreconciliable entre el derecho de los refugiados árabes a «volver a casa» y la negativa de Israel a aceptar un gran número de refugiados. Los argumentos de Israel son que tal afluencia a) causaría un desorden en su economía, b) distorsionaría el carácter judío del país y c) introduciría una «quinta columna» que socavaría o sabotearía su existencia como nación independiente.

Aunque estos temores no pueden ignorarse, es necesario señalar una serie de factores de protección inherentes a la situación misma y otros que pueden incorporarse a la solución del problema de los refugiados árabes. Estos factores de protección hacen posible garantizar tanto los derechos de los refugiados como la seguridad de Israel.

FACTORES DE PROTECCIÓN PARA ISRAEL

No todos los refugiados proceden de la parte de Palestina que ahora es Israel, y los que nunca han estado allí no pueden exigir «regresar».

En este momento, el peligro de una afluencia inaceptablemente grande de refugiados a Israel es solo teórico. Un censo de los deseos y los planes de los refugiados demostrará que no es nada realista.

En muy pocos casos será posible para un refugiado árabe regresar para vivir en su antiguo hogar, en su antigua aldea, y trabajar en su antigua explotación agropecuaria o retomar su antigua profesión. Puede recibir una compensación completa por su propiedad y se le puede dar toda la ayuda necesaria para establecer por sí mismo una explotación agropecuaria o capacitarlo para encontrar otra manera de ganarse la vida satisfactoriamente. Si se acepta esto, queda la cuestión de dónde debe fijarse ese asentamiento alternativo. Si el refugiado simplemente desea vivir en «Palestina», que es el país en el que vivía antes de la revuelta de 1948, entonces este deseo se cumple exactamente igual que si se establece en Israel. Si, como parece más plausible, además de regresar a su antiguo hogar, en realidad desea llevar el mismo tipo de vida que antes en el mismo entorno, es más que probable que lo encuentre en la Palestina árabe o incluso en otros países árabes en lugar de en Israel.

Si los refugiados son plenamente conscientes de la naturaleza de su decisión, si tienen posibilidades reales de lograr unas condiciones económicas de asentamiento igualmente satisfactorias en la Palestina árabe o en otros países árabes, y si no corren el riesgo de perder algunos de sus derechos a una compensación por sus propiedades en

Israel, independientemente de dónde se instalen, entonces cabe esperar que en la mayoría de los casos elegirán vivir en un país árabe.

Alrededor de 200.000 refugiados se encuentran en Líbano y Siria, donde se han integrado en gran medida a las economías de sus países de acogida. Es poco probable que muchos de ellos deseen volver a cambiar de lugar.

Más de la mitad de los refugiados han adquirido la ciudadanía jordana, y algunos de ellos han alcanzado altas posiciones en la jerarquía del Gobierno jordano. Muchos de estos refugiados serán muy reacios a renunciar a tales posiciones y oportunidades para emigrar a Israel.

Los refugiados palestinos son seres humanos como los demás y, por tanto, actuarán según su propio interés individual cuando se enfrenten no a la cuestión abstracta de si desean «regresar», sino a una libre elección práctica y auténtica de dónde y cómo reconstruir sus vidas y recobrar sus ocupaciones y profesiones normales y productivas.

Los refugiados que decidan regresar a Israel serán probablemente aquellos que puedan integrarse en la sociedad que aquí se forme, que encuentren en tal sociedad una mejor realización de sus aspiraciones y, por tanto, no sentirán ninguna animadversión hacia Israel.

Los retornados deberían estar obligados a dar garantías de sus intenciones pacíficas.

Dado que todos los países implicados tendrían que comprometerse a cooperar con la autoridad internacional encargada de la operación, al menos en el sentido de proporcionar tierras para los proyectos de asentamientos, cumplir los acuerdos de alto el fuego y no emprender acciones hostiles, la disminución de la tensión resultante reduciría en gran medida el peligro de una «quinta columna».

Pero otra garantía reside en la duración del retorno. Se necesitarían entre cinco y diez años para que todos los refugiados se asentaran, y ello permitiría tomar precauciones en caso de que pareciera estar desarrollándose una situación peligrosa. Este factor de seguridad puede reforzarse estableciendo un periodo de prueba planificado.

El Gobierno de Israel tendría que garantizar a los árabes retornados la plena ciudadanía y otros derechos democráticos, incluido el derecho de libre asociación y emigración.

Si surgieran serias dificultades, Israel tendría derecho, por supuesto, a hacer valer sus derechos soberanos de autoprotección de la forma que considere necesaria.

Esto no significa que Israel no corra riesgos para su seguridad y su economía con todas estas garantías. Pero si no hace nada, Israel correrá riesgos aún mayores.

UNA PROPUESTA DE SOLUCIÓN

Con este trasfondo, proponemos la creación de una Comisión especial de las Naciones Unidas o una Autoridad de Repatriación y Reasentamiento (RRA).

Todo refugiado árabe que pueda demostrar satisfactoriamente a la RRA que tenía una residencia permanente en la Palestina israelí en 1948, deberá tener la opción de ser reasentado con su familia nuclear y de que se le proporcione una vivienda y una explotación agropecuaria, u otros medios de subsistencia:

a) en Palestina (es decir, sin distinción entre Israel y la Palestina árabe),
b) en Israel,

c) en la Palestina árabe, o

d) en otro país árabe.

A los demás refugiados árabes se les deberán dar las opciones (c) y (d) con la posibilidad de elegir entre al menos tres lugares de asentamiento diferentes, con el mismo tipo de vivienda y agricultura u otros medios de subsistencia.

Todos los refugiados árabes palestinos y todos los judíos que abandonaron los Estados árabes desde 1948 deberán recibir una compensación por el valor total de las propiedades que han dejado atrás. Esta compensación deberá ser completamente independiente del país en el que deseen establecerse.

Todos aquellos que decidan establecerse en Israel deberán declarar su lealtad a Israel.

La RRA deberá poner en marcha proyectos de repatriación y reasentamiento en el mayor número de lugares posible para dar a los refugiados las mayores posibilidades de elección.

La RRA deberá llevar a cabo campañas educativas e informativas exhaustivas para que los refugiados conozcan la naturaleza de las diferentes posibilidades que se les ofrecen. En particular, deberá comprometerse a informar a los refugiados de las posibles formas de «volver a casa» y lo que incluyen las distintas opciones; y deberá protegerles contra toda forma de coacción.

La RRA deberá planificar la repatriación y el reasentamiento en distintas fases. La primera fase no deberá durar más de tres años desde el establecimiento de la RRA y deberá considerar un periodo de prueba en el que se asentará a 200.000 refugiados.

La RRA deberá encargarse de recaudar fondos de los gobiernos israelí y árabe y de otras fuentes, y de regular la compensación, la repatriación y el reasentamiento.

Estados Unidos y otros miembros de las Naciones Unidas deberán prepararse para hacer contribuciones sustanciales al coste de resolver el problema de los refugiados árabes. Aunque Estados Unidos tuviera que pagar el coste de todo el proyecto, sería un precio muy barato, incluso si se vieran las cosas solo en términos de la contribución que supondría reducir las tensiones en Oriente Próximo y la consiguiente prevención de los peligros de una guerra mundial.

Las discusiones anteriores del problema se han resentido mucho a causa de la complicación y la confusión del tema por los puntos que hemos intentado excluir. En ellas, se exageraron enormemente las dificultades y se desalentó innecesariamente a quienes intentaron abordar el problema. Casi se convirtió en un axioma declarar que el problema era demasiado delicado para tocarlo, o demasiado candente para tratarlo, o con demasiadas ramificaciones en la Guerra Fría; que la escala económica era demasiado grande para abarcarla, o que la hostilidad de las partes en conflicto era demasiado grande para permitir cualquier compromiso. Pero hemos visto que en el momento en que se intenta medir la supuesta inmensidad del asunto, esta disminuye en el reino de lo posible. A pesar de la intransigencia oficial, en Israel hay grupos judíos y árabes que en verdad buscan una posible solución; y en los Estados árabes donde la presión oficial es mucho mayor y la expresión de opiniones no conformistas es casi imposible, hay muchas personas que ven la situación con serenidad y que, en conversaciones privadas, revelan una actitud menos pasional y su esperanza de una solución constructiva. Entre los propios refugiados, a pesar de las declaraciones hostiles, la presión política, la intimidación de los agitadores y la seguridad y los servicios en los campos de refugiados (raciones incluidas), miles de ellos se desentendieron de ese estatus de refugiados para encontrar una vida productiva fuera de los campos y fuera de Israel.

El odio no dura eternamente. Una solución justa puede disolver la animosidad y crear un nuevo clima para una eventual cooperación. Pero lo que ahora se necesita es eliminar el desaliento y la intimidación resultantes de una exageración casi tradicional de la magnitud del problema y la inalterabilidad de la resistencia a cualquier solución. Toda parte que admita esta solución y tome la iniciativa para hacer realidad la creación de una «Repatriation and Resettlement Administration» según las líneas propuestas podría romper la resistencia que está frenando la solución del problema de los refugiados palestinos, y realizaría así un acto de servicio insólitamente eficaz a la humanidad, la seguridad y la paz.

EL PROBLEMA DE LOS REFUGIADOS PALESTINOS. UN NUEVO ENFOQUE Y UN PLAN PARA UNA SOLUCIÓN

Institute for Mediterranean Affairs

PRÓLOGO

Este informe es el resultado de un estudio sobre el problema de los refugiados palestinos organizado por el Institute for Mediterranean Affairs y realizado por un grupo de académicos independientes y expertos en Oriente Próximo. La urgencia de actuar que acompañó a los debates asociados se intensificó por la inminente expiración del mandato de la UNRWA[1] en 1960, y finalmente culminó en un proyecto de solución al problema de los refugiados palestinos acordado conjuntamente.

Desde una perspectiva humanitaria, la tarea de posibilitar que los refugiados vuelvan a llevar una vida normal parece ser la más urgente tras el fin de los conflictos armados. Sin embargo, en los últimos diez años no se ha intentado encontrar una solución global, justa y constructiva para la rehabilitación de cientos de miles de refugiados árabe-palestinos.

Naturalmente, hay que buscar la explicación en la tensión entre Israel y los Estados árabes, que supone un peligro para la paz en la región y en el mundo entero. Bajo este conflicto, la consideración del problema de los refugiados se vio ensombrecida por una serie de puntos de controversia irrelevantes y, hasta cierto punto, metas a largo plazo que distraían la atención y cuya discusión se perdió en interminables complicaciones y recriminaciones mutuas. La comisión examinó casi todos los aspectos imaginables de esta situación sumamente enrevesada y compleja, y analizó los múltiples factores relevantes con el fin de eliminar menudencias, estorbos y confusiones que hacían que el problema de los refugiados pareciera más complejo de lo que realmente es.

Así aclarado, el problema central seguía siendo la contradicción aparentemente insalvable entre la exigencia del derecho al retorno de todos los refugiados árabes y el temor a que ello condujera a la formación de una quinta columna tan peligrosa que el Estado de Israel no pudiera permitir su existencia.

Sin embargo, un examen más detenido de esta cuestión crucial demostró que el conflicto no es insuperable. Por ello, el presente informe propone la reconciliación en el marco de un plan global para la repatriación y el reasentamiento gradual de todos los refugiados que parta de la experiencia de una fase inicial de prueba que debería comenzar lo antes posible.

En este plan global se establecen las condiciones y alternativas para que los refugiados gocen de libre elección y de un trato justo ante la ley, a lo cual tienen derecho tras su repatriación o reasentamiento, así como de medidas de protección para Israel contra la subversión u otros actos hostiles por parte de los repatriados.

A lo largo de todo el estudio, la comisión abordó el problema de los refugiados tanto desde una perspectiva humanitaria como teniendo en cuenta el hecho de que los refugiados no son individuos anónimos, sino seres humanos vivos vinculados a una tierra que era y sigue siendo conocida como Palestina.

El informe propone la creación de una agencia internacional de repatriación y reasentamiento («Repatriation and Resettlement Agency») por las Naciones Unidas siguiendo el modelo de las Comisiones Mixtas del Armisticio de Oriente Próximo,[2] con el encargo expreso de abordar y resolver el problema de los refugiados y acordar la cooperación entre Israel y los Estados árabes.[3]

Es propio de la naturaleza de una comisión que los participantes, con sus formas de proceder, perspectivas y formulaciones, tengan que hacer concesiones para lograr un resultado que todos los participantes puedan respaldar.

Nos dirigimos ahora a quienes deseen unirse a nosotros en este nuevo enfoque en pos de una solución justa y equitativa del problema de los refugiados palestinos. Hacemos en particular un llamamiento a las partes más afectadas —Israel, los Estados árabes y las principales potencias de las Naciones Unidas, en especial el Gobierno de Estados Unidos— para que consideren este plan como una salida del actual punto muerto con el fin de promover la paz y la felicidad humana.

COMISIÓN PARA TRATAR EL PROBLEMA
DE LOS REFUGIADOS PALESTINOS

Abba P. Lerner, presidente.

Samuel Merlin, ponente principal.

Hannah Arendt, politóloga y autora de *Elementos y orígenes del totalitarismo*.

Lawrence L. Barrell, director ejecutivo del Mitchell College, New London, Connecticut, Estados Unidos, y profesor de la Long Island University, Nueva York, Estados Unidos.

Werner J. Cahnman, profesor del Departamento de Sociología y Antropología del Hunter College, Nueva York, Estados Unidos, y del Instituto de Ciencias Sociales de la Universidad Yeshiva, Nueva York, Estados Unidos.

Boris G. Dressler, catedrático emérito del Instituto de Economía del City College de Nueva York, Nueva York, Estados Unidos.

Joseph Dunner, profesor y director del Instituto de Ciencias Políticas del Grinnell College, Grinnell, Iowa, Estados Unidos.

Nasrollah Fatemi, exdelegado iraní ante las Naciones Unidas y profesor agregado del Instituto de Ciencias Sociales de la Fairleigh Dickinson University, Madison, Nueva Jersey, Estados Unidos.

Ephraim Fischoff, director ejecutivo de la Fundación Hillel, Universidad de Yale, New Haven, Connecticut, Estados Unidos.

Fowler Harper, profesor de la Facultad de Derecho en la Universidad de Yale, New Haven, Connecticut, Estados Unidos.

Oscar Kraines, Asesor Senior de la Staff Office del Estado de Nueva York, Estados Unidos.

Abba P. Lerner, profesor del Instituto de Economía Política de la Roosevelt University, Chicago, Illinois, Estados Unidos.

Raphael Malsin, presidente de Lane Bryant Inc.

Samuel Merlin, coordinador de investigación del Institute for Mediterranean Affairs.

Don Peretz, experto en Oriente Próximo y autor de *Israel and the Palestine Arabs*.

Joachim O. Ronall, economista y especialista en investigación sobre Oriente Próximo.

Richard R. Salzmann, vicepresidente ejecutivo del Institute for Mediterranean Affairs.

Harry Louis Selden, editor y consultor.

John G. Stoessinger, profesor del Instituto de Ciencias Políticas del Hunter College, ciudad de Nueva York, Nueva

York, Estados Unidos, y autor de *The Refugee and the World Community*.

INTRODUCCIÓN

Fuera de las fronteras del Estado de Israel hay alrededor de un millón de personas que han sido expulsadas de sus hogares, explotaciones agropecuarias y lugares de trabajo. Viven principalmente de las limosnas de una organización de la ONU provisional e insuficientemente financiada, en la inactividad forzosa, la frustración y la amargura, más de un tercio de ellos en campos de refugiados. Allí llevan diez años esperando (a excepción de los niños nacidos entretanto) que se haga algo para que puedan volver a llevar una vida normal y con sentido, mientras no se vislumbra ningún plan global para su rehabilitación. Estas personas son los refugiados árabe-palestinos.[4]

Desde el final de la Segunda Guerra Mundial, muchos millones de personas se han convertido en refugiados en otras partes del mundo. Sin embargo, gran parte de ellos han sido rehabilitados. Desde entonces, la mayoría de los que eran refugiados hace diez años han sido reasentados.[5] En cambio, los refugiados palestinos fuera de Israel han seguido siendo refugiados. Su número incluso llegó a aumentar de 726.000 en 1949 a 855.000 en 1951 y, finalmente, a 934.000 en 1957.[6]

Por muy grande que pueda ser la preocupación de la gente bienintencionada por el retorno de casi un millón de personas a una vida decente y digna, hay otras consideraciones que subrayan la importancia y la urgencia de una solución al problema de los refugiados antes de 1960, fecha en que vence el mandato de la Agencia de Naciones Unidas para los Refu-

giados de Palestina en Oriente Próximo (UNRWA), que en
la actualidad solo proporciona a los refugiados un mínimo de
alimentos, alojamiento y servicios.[7]

La manifiesta negligencia a la hora de encontrar una forma adecuada de tratar a estos refugiados —a pesar de que las
Naciones Unidas les prestan mucha más atención que a cualquier otro grupo de refugiados, quizá incluso más que a todos los demás refugiados juntos—[8] se debe a la hostilidad
entre las naciones árabes y el Estado de Israel, así como a su
miedo y desconfianza mutua. Al mismo tiempo, la creciente
frustración y resentimiento causados por la apurada situación de los refugiados está repercutiendo en las hostilidades
y los temores, exacerbándolos y aumentando el riesgo de un
nuevo estallido bélico entre Israel y los Estados árabes. La
mayoría de los incidentes fronterizos, actos de sabotaje e incursiones de fedayines, así como las políticas de represalia
israelíes se deben a la situación de los refugiados o se han
visto influidos significativamente por ella.[9] Para que el clima
psicológico cambie de verdad y exista una perspectiva real de
paz estable en esta parte del mundo, primero debe resolverse
el problema de los refugiados palestinos.

Pero no solo está en peligro la paz en Oriente Próximo. El
mundo entero vive bajo la amenaza de una catástrofe nuclear.
Aunque el temor a la destrucción mutua puede disuadir a las
grandes potencias de iniciar *directamente* una guerra entre
ellas, el mayor peligro es que se desencadene indirectamen-
te una guerra mundial, a través de una «guerra limitada»[10] en
una parte del mundo en la que Oriente y Occidente compi-
tan por su influencia. En tal caso, cada parte intentaría salvar a
su *protegido* de la derrota desplegando armas «tácticas» más
eficaces, hasta que finalmente se cruce una línea y no haya
vuelta atrás.

Todas las condiciones para una tragedia semejante se dan ahora en Oriente Próximo. No es solo la preocupación por una vida digna para un millón de personas o incluso por la paz en el Mediterráneo oriental lo que hace tan urgente una solución al problema de los refugiados palestinos. Una solución a este problema es necesaria (entre otras cosas, por supuesto) para la seguridad del mundo entero.

El deber primordial de trabajar por una solución satisfactoria recae en las partes más directamente afectadas, es decir, Israel y los Estados árabes, y también en las Naciones Unidas. Sin embargo, debido al peligro que corre el mundo entero, una parte considerable de la responsabilidad recae sobre los hombros de la mayor potencia democrática, los Estados Unidos.

ASPECTOS NO RELEVANTES

Normalmente, el primer paso para resolver un problema es definirlo claramente. Con esto ya se gana mucho. Sin embargo, en lo que respecta al problema de los refugiados palestinos, debe establecerse una prioridad diferente. En primer lugar, hay que dejar de lado una serie de cuestiones dramáticas y bastante fascinantes derivadas del conflicto entre Israel y los Estados árabes, con su enorme carga emocional, así como del sionismo y el panarabismo. Aunque en cierta medida están relacionados con la situación actual de los refugiados, son completamente irrelevantes para un modo de proceder constructivo cuyo fin es posibilitar que los refugiados vuelvan a una vida normal. Sin embargo, estos puntos se plantean repetidamente en los debates y solo generan confusión. Por lo tanto, debemos dejar de lado las siguientes cuestiones:

1. ¿Quién tiene la culpa de la difícil situación actual de los refugiados?

El problema actual es y sigue siendo el mismo, independientemente de si los refugiados abandonaron sus hogares porque los expulsaron las fuerzas israelíes, cooperaron con los ejércitos árabes invasores, temían represalias por las atrocidades cometidas contra los colonos judíos, tenían miedo del terrorismo judío o árabe, simplemente querían alejarse de la línea de fuego, sus maridos, padres, ancianos de las aldeas o líderes políticos lo decidieron por ellos, buscaban la aventura o por cualquier otra razón o ninguna en absoluto.[11]

2. ¿Cuáles son los derechos históricos de los pueblos judío y árabe sobre Palestina?

El problema actual no puede resolverse discutiendo la legitimidad relativa de los derechos de conquista de hace tres mil, mil o diez años. Igualmente inútil es la apelación a cualquier derecho basado en las promesas de estadistas o generales, la duración del asentamiento, la evolución del territorio o el número de judíos o árabes que vivían en Palestina hace cien o quinientos años.[12] La acusación de que los árabes de Palestina son principalmente nuevos inmigrantes que vinieron a aprovecharse de las ventajas del asentamiento sionista, y que probablemente había menos árabes en toda Palestina hace cien años que en Israel hoy, es tan irrelevante como la afirmación de que los millones de refugiados han vivido en Palestina durante mil o diez mil años. Los únicos derechos que nos interesan en este momento son los derechos de los refugiados a una vida digna y normal, y los derechos de Oriente Próximo y de todo el mundo a un mayor nivel de seguridad para todas las personas, que a su vez resultaría del cumplimiento de los derechos de los refugiados.

3. ¿Qué significa exactamente la «nacionalidad palestina» de los refugiados árabes?

Discutir si se puede considerar que un refugiado árabe de la Palestina israelí está en su «patria» (por oposición a su hogar en el sentido de alojamiento) o que ha regresado a ella si se encuentra en una parte de la Palestina árabe (las partes de Palestina fuera de Israel) no acerca el problema actual a una solución. Tampoco ayudaría invocar el derecho de la Palestina árabe (la inmensa mayoría de cuya población la compondrían refugiados árabes) a la autodeterminación nacional. Aunque las reivindicaciones de los refugiados se basan principalmente en su pertenencia a la población palestina, no entra en el marco de este informe sugerir cómo deberían ejercer los refugiados su derecho a la autodeterminación, salvo que deberían decidir por sí mismos como individuos dónde quieren empezar una nueva vida. Solo *después* de que se haya resuelto el problema de los refugiados podrá trabajarse en la solución de estos problemas políticos. Entonces se podrá dejar que todos los habitantes de la Palestina árabe —tanto los antiguos refugiados como todos los demás— decidan por sí mismos si quieren establecer de una u otra manera una alianza con Israel (como se propone en la resolución de la ONU para Palestina de 1947) o con un estado árabe o una unión de estados, o si, por el contrario, aspiran a la creación de un estado independiente. Pero en este informe nos ocupamos principalmente del derecho del individuo a una vida digna y no del derecho de las naciones a la autodeterminación.

4. ¿Cuáles serían las exigencias de una justicia absoluta?

Una «solución» que condujera a otra guerra (en nombre de una justicia absoluta) no sería una solución. Debatir sobre la legitimidad de la fundación de Israel sería tan inútil como cuestionar la legitimidad de la fundación de uno o todos los Estados árabes. No se pregunta a un estado por sus credenciales o su acta de nacimiento. Tanto Israel como las naciones árabes son estados reconocidos internacionalmente y miembros de las Naciones Unidas. No se puede esperar que un estado se disuelva de forma voluntaria. Una solución real al problema de los refugiados solo puede ser una solución que todas las partes implicadas puedan acordar pacíficamente. Y todas las partes implicadas solo la aceptarán si a cada una de ellas le beneficia más aceptarla que rechazarla.

5. ¿Cuántos de los refugiados son «auténticos» refugiados de la Palestina israelí?

Limitar el problema a los refugiados «auténticos» de la Palestina israelí no haría la situación menos complicada ni aliviaría las tensiones. Entre los refugiados hay muchas personas que proceden de la Palestina árabe. Pero, en muchos casos, no hay claridad a este respecto. Sin duda, hay algunos que nunca fueron refugiados palestinos, pero se hicieron pasar por tales para recibir ayudas u otras atenciones.[13] Además, muchos de los refugiados adquirieron la ciudadanía en sus países de acogida y se implicaron en la política interior de los mismos. Se ha sugerido que, por lo tanto, deberían excluirse de la categoría de auténticos refugiados sin hogar o apátridas que necesitan ser repatriados o reasentados. Sin embargo, no es posible excluir a estas personas de la problemática. Están ahí, como todos los demás, y como a todos los demás hay que abrirles la perspectiva de una vida plena. Los estudios sobre las distintas categorías de refugiados pueden ser de gran utilidad para diversos fines, especialmente para diferenciar las distintas necesidades, opciones y derechos en materia de repatriación o traslado. Pero, aun si solo 600.000 refugiados procedieran de la Palestina israelí (como a veces se afirma) y 400.000 o 500.000 de ellos adquirieran la ciudadanía jordana, no sería menos cierto que hay que ocuparse de todos los «millones» de refugiados y su establecimiento si se quiere resolver el problema.

6. ¿Quién tiene razón?

Debemos tener especial cuidado de no dejarnos atrapar por los innumerables *puntos de discusión* presentados en las declaraciones que hacen los portavoces de los refugiados, de Israel, del sionismo y del panarabismo. Las *actitudes* de los refugiados, los israelíes, los sionistas, los árabes y sus gobiernos y de la comunidad internacional contribuyen esencialmente al estado fáctico de nuestro problema; los *argumentos* utilizados a menudo no lo hacen. Existe el peligro de que el interés natural por saber si un punto es cierto o válido nos haga olvidar la cuestión mucho más importante de si es relevante para nuestro problema concreto y no solo parte del constante fuego cruzado entre árabes e israelíes.

OBJETIVOS NO INMEDIATOS

1. El desarrollo económico de Oriente Próximo

Naturalmente, el asentamiento de los refugiados palestinos desempeñaría un papel importante en el desarrollo económico de toda la región de Oriente Próximo. Y, a la inversa, los proyectos de desarrollo regional, especialmente en los sectores de la irrigación y la electricidad, como el Plan Johnston,[14] son de suma importancia para una solución eficaz del problema de los refugiados palestinos y, por lo tanto, deberían llevarse a cabo con decisión.[15] Solo si estos proyectos de desarrollo se ponen en práctica, tendría sentido incluir el asentamiento de los refugiados palestinos. Pero los refugiados no pueden esperar algo que no es practicable en un futuro próximo. La solución del problema de los refugiados palestinos no debe depender de la elaboración, adopción y aplicación previas de un plan más global para el desarrollo de Oriente Próximo. Debido a la situación humanitaria, el problema de los refugiados debe tener prioridad incluso sobre los mayores proyectos de planificación económica. En particular, debemos tener mucho cuidado de que el desaliento debido a las dificultades para resolver el *actual* problema de los refugiados palestinos no se disfrace de entusiasmo por el *futuro* desarrollo regional.

2. La integración económica de Oriente Próximo

Por muy beneficiosa que fuera la integración económica para elevar el nivel de vida de todos los pueblos de la región, el problema de los refugiados *no puede* esperar a que se superen las dificultades asociadas a la integración económica. De hecho, solo *después* de que se haya resuelto el problema de los refugiados habrá motivos para esperar que se avance en el largo camino que podría llevar de la aceptación y la tolerancia, pasando por la neutralidad y la desconfianza, hasta un posible comercio, cooperación, amistad e integración. No debemos permitir que el sueño lejano sabotee la tarea inmediata y urgente de resolver el problema de los refugiados palestinos. Una vez prevenidos contra las desviaciones, podemos centrarnos en el problema en sí.

LOS HECHOS

1. Alrededor de un millón de refugiados deben tener la oportunidad de llevar una vida normal.

En junio de 1957, un total de 934.000 personas estaban registradas como refugiados (repartidas en 185.000 familias). En el curso de los años que se tardó en encontrar una solución, muchos más nacieron, se registraron y se «sumaron» a los refugiados.

2. Cuatro quintas partes de los refugiados se encuentran en Palestina.

Se encuentran en la Palestina árabe y las partes de Palestina que han estado bajo el control de Egipto (Franja de Gaza) y del Reino de Jordania (Cisjordania) desde el armisticio de 1949 que puso fin a los combates que condujeron a la fundación del Estado de Israel.

Bastante más de la mitad de ellos (518.000 de los refugiados registrados en 1957) viven en Jordania, donde se han convertido en súbditos del Reino de Jordania y desempeñan un papel político activo y a veces decisivo, mientras que casi una cuarta parte de ellos (221.000 de los refugiados registrados en 1957) residen en la Franja de Gaza, a la que recientemente se ha concedido una forma de autonomía política con igualdad de derechos para los refugiados y los autóctonos.

3. La quinta parte restante se encuentra en Líbano y Siria.

Muchos de estos refugiados han encontrado trabajo hasta cierto punto y están integrados en la economía, aunque se les niegue la ciudadanía.

4. En Israel viven unos 200.000 árabes.

Estos ya no son refugiados. Entre ellos se cuentan los árabes que permanecieron en la Palestina israelí en 1948, unos 46.000 que en 1950 estaban en Israel como refugiados bajo la protección de la UNRWA —como lo siguen estando los de la Palestina árabe, Líbano y Siria en la actualidad— y unos 35.000 antiguos refugiados que han llegado a Israel desde 1948.

5. Además de los refugiados, en la Palestina árabe viven unos 500.000 árabes (unos 100.000 en la franja de Gaza y unos 400.000 en Cisjordania).

6. Desde la fundación del Estado de Israel, la población israelí ha aumentado de unos 650.000 judíos y unos 150.000 árabes a cerca de 1.800.000 judíos y unos 200.000 árabes.

7. Según los informes, los refugiados expresaron de forma casi unánime el deseo de «volver a casa». El significado exacto de volver a casa admite varias interpretaciones, que difieren en el grado de viabilidad.

> 7 a. *Podría significar regresar a su patria o a su país de origen.*
> Para ser exactos, *son* cuatro quintas partes de los refugiados los que ya han llegado a su patria, si eso significa Palestina. Y

respecto a la posición panárabe, según la cual la mayoría de los árabes aspiran a la creación de una nación árabe unida, *todos ellos* se encuentran en tal patria árabe. Por supuesto, no es posible que se refieran a esto.

7 b. *Podría significar regresar «a su propio país», es decir, vivir en Palestina como un estado árabe independiente.*

Esto es aparentemente lo que tales palabras significan a menudo para los forasteros. Pero nunca ha existido Palestina como un estado árabe independiente. Antes del mandato británico, Palestina no era, en términos políticos, más que la parte sur de una provincia poco poblada del Imperio otomano, también conocida como Siria.[16] En 1947, la Asamblea General de las Naciones Unidas aprobó el Plan de Partición de la ONU para Palestina, que preveía un estado árabe independiente en Palestina, pero el Reino Hachemita de Jordania se anexionó la mayor parte del territorio planeado antes de que pudiera fundarse el estado.

7 c. Podría significar la expulsión de los judíos y (i) la fundación de un estado árabe independiente de Palestina, o (ii) el reparto de toda Palestina entre los demás Estados árabes, o (iii) la incorporación de Palestina a una unión de Estados árabes.

7 d. *No podría significar nada más concreto que «volver al año 1947».*

Esto es probablemente lo que más se aproxima a lo que estas palabras significan para muchos refugiados y, tomado literalmente, significaría la desaparición del Estado de Israel con más de un millón de judíos, pues su población ha crecido desde 1947. Por supuesto, esto es tan poco factible como un retorno a las condiciones de 1900, cuando había muy pocos colonos sionistas en Palestina, o un retorno a las condiciones de 1850, cuando había de 100.000 a 200.000 personas viviendo en toda Palestina (incluida Jordania), o un retorno a las condiciones bajo el rey Salomón, cuando supuestamente había cinco o seis millones de judíos en Palestina.

7 e. *Podría significar la realización del plan de partición original de la ONU para Palestina de 1947.*

Este plan era un intento de lograr una «división política con unión económica» para los dos mayores grupos de población del país. Así lo atestigua la compleja división territorial, que semeja un puzle, propuesta en 1947. Esta forma de división era necesaria para separar los asentamientos judíos y árabes que existían entonces. Independientemente de que esta partición hubiera funcionado si se hubiera adoptado de manera pacífica en 1947, sin duda ya no sería conveniente a la vista de la constelación *actual* de asentamientos judíos y árabes en Palestina, ya que las zonas de asentamiento actuales son fundamentalmente diferentes de aquellas en las que se basó el plan de partición de la ONU. La aprobación del plan de partición de 1947 por las Naciones Unidas le ha dado una especie de inviolabilidad a ojos de muchos. No obstante, las recientes propuestas para aplicarlo en este momento —que solo conducirían a nuevas expulsiones e injusticias, especialmente si el plan de partición se acompañase de una exigencia de retorno inmediato de todos los refugiados árabes— han de considerarse como un plan dirigido a la destrucción de Israel más que a una solución del problema de los refugiados.

7 f. *Podría significar vivir en el nuevo Estado de Israel como miembro pacífico de una minoría árabe en un Estado predominantemente judío.*

Tal evolución sería similar a lo que muchos dirigentes sionistas habían declarado como su objetivo antes de la fundación del Estado de Israel, a saber, un estado de dos comunidades étnicas que convivan en paz y armonía, aunque sea predominantemente judío desde el punto de vista político.

Esto es precisamente lo que implica la famosa Resolución 194 (III) aprobada por la Asamblea General de las Naciones Unidas, en la que se dice que «debe permitirse a los refugiados que deseen regresar a sus lares y vivir en paz con sus vecinos que

lo hagan lo antes posible y que debe pagarse una indemnización por los bienes de aquellos que decidan no regresar [...]».[17]
El antiguo comisionado general de la UNRWA, Henry R. Labouisse, se refiere a esta resolución en su reciente informe a la
Asamblea General de las Naciones Unidas de la siguiente manera: «La gran mayoría de los refugiados siguen creyendo que
se les ha hecho un gran injusticia y manifiestan el deseo de regresar a su tierra [...]»,[18] lo que presumiblemente se refiere a sus
hogares y no a su país de origen. Sin duda, la compensación por
la pérdida de su hogar no debería limitarse a aquellos que deci-
den no regresar a su país de origen.

7 g. *Podría significar que cada refugiado regrese individualmente
a su antiguo alojamiento y a su antigua explotación agropecuaria o
lugar de trabajo.*

Si su hacienda sigue en posesión del administrador de la
propiedad abandonada y está vacía, puede devolvérsele al pro-
pietario. En muchos casos, sin embargo, la propiedad ha sido
destruida y la única posibilidad que queda es indemnizar al refugiado, ya sea en efectivo o proporcionándole otras casas, explotaciones agropecuarias o puestos de trabajo, normalmente
en otros pueblos o ciudades (ya que los pueblos o ciudades donde habitaban también fueron destruidos en su mayor parte). En
la mayoría de los casos, los inmigrantes judíos u otros árabes
que se instalaron allí han transformado, remodelado, edificado
y habitado la propiedad. Desalojar a los nuevos residentes no
solo daría lugar a interminables disputas legales, sino que además crearía un nuevo grupo de refugiados. Y en la mayoría de
los casos, ya no se dan las condiciones para que el refugiado y su
familia recuperen su antigua vida.

7 h. Podría significar que se instalan en el antiguo entorno, pero en otra ciudad o pueblo árabe para volver a conectar con la
antigua vida si ello no es posible en el lugar original.

8. *Israel es reacio a admitir un gran número de refugiados.*

Israel afirma que el retorno de un gran número de refugiados resultaría desastroso para la economía del país, y expresa su deseo de seguir siendo un estado predominantemente judío. Israel también teme que los refugiados puedan formar una quinta columna, lo que supondría una grave amenaza para la existencia del estado rodeado de vecinos hostiles.

9. Los refugiados reclaman una compensación total por las propiedades que dejaron en Israel.

10. Muy pocos de los refugiados pudieron mantenerse, o emigrar, en el marco del programa de rehabilitación de la UNRWA.
   Un programa de apoyo independiente, que se aplicó en Jordania y Siria durante un periodo de dos años, permitió a unos 7.200 refugiados ganarse la vida por sí mismos. De junio de 1956 a junio de 1957, 1.122 refugiados árabes (menos de una octava parte del uno por ciento) recibieron ayuda para emigrar a Estados Unidos y a otros países.
   Los diversos proyectos de desarrollo económico elaborados para Oriente Próximo no fueron concebidos como soluciones al problema de los refugiados árabes. Aunque podrían haber aliviado el problema, todos ellos fueron rechazados por motivos políticos o por muchas otras razones.

11. El Gobierno israelí ha liberado la mayoría de las cuentas congeladas de refugiados árabes en bancos israelíes. Se trata de unos cuatro millones de libras (11.200.000 dólares) en unas 6.000 de esas cuentas bloqueadas. Esto no ha tenido prácticamente ninguna repercusión en la situación general de los refugiados ni en las relaciones entre Israel y los Estados árabes.

12. Según estimaciones generales, los costes del reasentamiento de una familia árabe media (5 ½ personas), sin incluir el terreno, son de aproximadamente 2.500 dólares. También se calcula que, por cada dos familias reasentadas, otra familia puede mantenerse con un coste comparable en alojamiento y mobiliario.[19]

13. La compensación total por las propiedades que dejaron en Israel no sería suficiente para reasentar más que a una pequeña parte de los refugiados.

Según las estimaciones, solo el 6,4 por ciento de las familias de refugiados palestinos poseía más de 2.000 libras (5.600 dólares), solo el 40 por ciento poseía más de 100 libras (280 dólares) y solo el 15 por ciento de las familias poseía más de los aproximadamente 2.500 dólares necesarios para asentar a una familia árabe media de 5 ½ personas.[20]

14. Entre los inmigrantes de Israel hay unos 150.000 judíos de Irak y Egipto que tuvieron que renunciar a sus propiedades allí. Estas personas también exigen una compensación por el valor total de las propiedades que dejaron en los Estados árabes.

Estos parecen ser los principales hechos relevantes. El siguiente paso consistirá en especificar las condiciones básicas que deben cumplirse para que el problema pueda resolverse.

CONDICIONES PARA UNA SOLUCIÓN

1. La solución debe consistir en proporcionar un alojamiento aceptable y una explotación agropecuaria u otra posibilidad de asegurar la subsistencia a cada familia de refugiados,

incluidas las que no puedan demostrar que eran habitantes de la Palestina israelí en 1948 y las que hayan adquirido la ciudadanía jordana (u otra) desde 1948.

2. La solución debe ser aceptable para los refugiados árabes en la medida en que reconozca la legitimidad de su derecho (cualesquiera que sean sus derechos en virtud del «derecho internacional») a decidir por sí mismos si renuncian o no a su derecho de nacimiento en la parte israelí de Palestina. Se les debe ofrecer la posibilidad de elegir entre (1) la repatriación a Israel, (2) el reasentamiento en la Palestina árabe, o (3) el reasentamiento en uno de al menos otros dos estados árabes, garantizándose en cada uno de estos casos las mismas condiciones mínimas para su subsistencia. Dado el caso, pueden ofrecérseles otras opciones para emigrar. También en ese supuesto se les debe ayudar en la misma medida que a los demás refugiados. Sin embargo, a cada refugiado debe concedérsele al menos la posibilidad de elegir libremente entre las tres primeras alternativas.

3. La solución debe prever una compensación para cada refugiado árabe por el valor total de las propiedades que abandonó en Israel. Los inmigrantes judíos de los Estados árabes cuyas propiedades fueron confiscadas deben tener el mismo derecho a una compensación.

4. La solución debe ser aceptable para Israel de manera que no ponga en peligro su existencia y, por lo tanto, debe asegurar de manera inequívoca que los refugiados solo regresen a Israel con intenciones pacíficas.

5. La solución no debe dar a ningún país la impresión de que amenaza su existencia o sus fronteras. Por lo tanto, debe pro-

porcionar algunas garantías para la seguridad de las zonas fronterizas de los Estados árabes e Israel, y a ningún estado se le deben imponer cargas económicas desmedidas ni hacerle correr peligros extremos de orden político o militar. La repatriación y el reasentamiento de cientos de miles de personas no pueden llevarse a cabo entre bombardeos o incidentes fronterizos, infiltraciones, represalias y bloqueos.[21]

6. La solución no puede ser elaborada o aplicada de forma independiente por una de las partes implicadas o por algunas organizaciones no relacionadas. La restitución, la compensación, la repatriación y el reasentamiento deben estar en manos de una autoridad internacional para que todas las partes implicadas no tengan ninguna duda de que recibirán un trato justo.

7. Los gobiernos de los distintos estados de Oriente Próximo deben poner a disposición tierras no utilizadas aptas para el asentamiento y cooperar en la aplicación de medidas de reasentamiento y rehabilitación.

8. Todas estas condiciones deben asumirse simultáneamente como parte de un plan o paquete unificado. Las declaraciones abstractas, los gestos simbólicos o las soluciones parciales disimuladas no son suficientes. Ni siquiera las concesiones unilaterales (que solo pueden hacerse en parte), como la readmisión de 35.000 refugiados por parte de Israel o la liberación de cuentas bloqueadas por un total de cuatro millones de libras (11.200.000 dólares), tendrán un alcance significativo en el alivio de la situación. El problema solo puede resolverse si se aborda simultáneamente desde todas las partes en el marco de un plan general de alcance global. Esto no

significa que el plan no deba estar abierto al debate y pueda modificarse. Sin embargo, a menos que el objetivo sea cumplir todas las condiciones al mismo tiempo, cada parte primero esperará a que las demás hagan concesiones. Las condiciones aquí mencionadas forman un todo indivisible y no tendría sentido cumplir algunas de ellas sin cumplirlas todas.

LAS DIMENSIONES DEL PROBLEMA

Un estudio serio de los hechos y las condiciones que deben cumplirse demuestra que el problema no es tan abrumador o irresoluble como sostienen tanto los portavoces árabes como los israelíes.

El coste total del asentamiento de *todos* los refugiados árabes que no estén en condiciones de satisfacer la totalidad de los costes con su propia compensación ascendería a menos de 400 millones de dólares. Esta cantidad por sí sola podría financiar el alojamiento de 160.000 familias necesitadas (de un total de 185.000 familias de refugiados árabes) a un coste de 2.500 dólares por familia. La UNRWA estima el coste de reasentar a una familia en 2.310[22] dólares, y ha podido ayudar a que más de 7.000 familias sean autosuficientes con cantidades de solo 320 dólares por familia. Con estos 400 millones de dólares no se tiene en cuenta la contribución que pueden hacer los refugiados que recibirían una compensación insuficiente para cubrir la *totalidad* de los gastos de su alojamiento, pero suficiente para poder pagar una parte de ellos por sí mismos. Tampoco se tuvieron en cuenta los refugiados que podrían emigrar a otro lugar o los que ahora o en el futuro serán capaces de mantenerse por sí mismos con éxito y, por lo tanto, dejarán de ser considerados refugiados una vez que se les dé la posibilidad de asentarse. Un examen más detallado bien podría mostrar que con esta cantidad estamos muy lejos de alcanzar un objetivo seguro. Asentar a los «millones» de refugiados llevaría entre cinco y diez años, por lo que los costes anuales se cifrarían entre 40 y 80 millones de dólares.

Las posibles fuentes de financiación serían:

1. El presupuesto del Estado israelí (644 millones de dólares en 1958),
2. los ingresos del petróleo de los Estados miembros de la Liga Árabe (435 millones de dólares en 1957),
3. los gastos en armamento de israelíes y árabes (unos 500 millones de dólares en 1958),
4. los fondos estadounidenses para el desarrollo económico de la región.

A los costes del reasentamiento se añadirían los costes de las compensaciones. En el caso de los refugiados de la Palestina israelí, estos correrían a cargo del Gobierno de Israel; en el caso de los judíos que han abandonado Irak y Egipto desde 1948 y han tenido que renunciar a sus propiedades allí, serían responsables los gobiernos de Irak y Egipto. En todos estos casos podrían concederse créditos internacionales a los gobiernos afectados si fuera necesario para hacer posible la compensación.

EL NÚCLEO DEL PROBLEMA

Mucho más gravoso que los elevados costes es el conflicto aparentemente irresoluble entre el derecho de los refugiados árabes a «volver a casa» y la negativa de Israel a admitir un gran número de refugiados. Israel afirma que tal afluencia a) perjudicaría a su economía, b) distorsionaría el carácter judío del Estado y c) alentaría la formación de una quinta columna que socavaría o sabotearía la existencia de Israel como nación independiente.

Cabe esperar que el argumento de los israelíes de que el estado no tiene la capacidad económica de admitir a tantos refugiados árabes quede invalidado recordándoles que están planeando acoger un número aún mayor de judíos. Cabe esperar que superen su rechazo por miedo a que el país deje de ser tan predominantemente judío como lo es ahora señalándoles que los líderes sionistas siempre habían planeado convivir con los árabes en una especie de estado binacional hasta la huida de los árabes en 1948. Pero no cabe esperar que los intentos de persuadirlos puedan por sí solos disipar los temores israelíes de que una gran afluencia de refugiados árabes suponga una amenaza para la seguridad de Israel, los temores de que muchos de los refugiados regresen no para vivir como ciudadanos pacíficos, sino para socavar Israel desde dentro y unirse a fuerzas exteriores hostiles para destruirlo. Esta posibilidad no es una mera afirmación, y parece suponer una amenaza mayor de lo que cabría esperar para la existencia de Israel.

Aunque no se puedan ignorar estos temores, cabe señalar una serie de medidas de protección debidas a la situación actual que pueden incluirse en la solución del problema de los refugiados palestinos. Estas medidas permitirían proteger tanto los derechos de los refugiados como la seguridad de Israel.

GARANTÍAS DE SEGURIDAD PARA ISRAEL

1. No todos los refugiados proceden de la parte de Palestina que ahora es Israel, y los que nunca han estado allí no pueden afirmar que «regresan».

2. El peligro de una afluencia de magnitud inaceptable de retornados a Israel es puramente teórico en este momento. Un sondeo sobre las preferencias y los planes de los refugiados podría llevar a la conclusión de que se trata de algo poco realista.

3. En muy pocos casos podrá un refugiado árabe regresar a su antiguo alojamiento en su antigua aldea para volver a trabajar allí en su antigua explotación agropecuaria o en su antiguo lugar de trabajo. En casi ningún caso conseguirá volver de manera efectiva a su antiguo modo de vida en el nuevo Estado de Israel. *Tiene derecho* a una indemnización por el valor total de sus propiedades, así como a cualquier ayuda que necesite para establecerse en una explotación agropecuaria o en otro lugar con el fin de ganarse la vida. Si acepta una indemnización y la asistencia adicional, queda pendiente la cuestión de dónde debe tener su lugar un asentamiento alternativo.

Si el refugiado solo desea vivir en «Palestina», es decir, en el país donde había vivido antes de la revolución que se produjo en 1948, este deseo debe cumplirse independientemente de si desea establecerse de forma permanente en la Palestina árabe o en Israel. Si, como parece más plausible, el refugiado, además de regresar a su antiguo hogar, abriga el deseo de llevar la misma vida que antes en el mismo tipo de entorno, es mucho más probable que la encuentre en la

Palestina árabe o incluso en otros Estados árabes que en Israel.

4. Si los refugiados están plenamente informados de las implicaciones de su decisión, si tienen la oportunidad real de establecerse en condiciones económicas igual de satisfactorias en la Palestina árabe o en otros Estados árabes y si, independientemente de dónde se establezcan, no corren el riesgo de perder su derecho a una compensación por los bienes que dejaron en Israel, entonces es probable que en la mayoría de los casos elijan vivir en un estado árabe y no en un estado «sionista». Algunos de los refugiados tendrán razones personales o familiares para regresar a Israel. Algunos de los refugiados pueden preferir las posibilidades de vida que ofrece Israel. Sin embargo, hay que partir de que la mayoría elija establecerse en su propia Palestina árabe o en otro país árabe o de la Unión de Estados árabes, donde puedan llevar el tipo de vida que deseen.

5. Incluso si muchos árabes que viven en Israel gozan de una situación económica mejor que los que viven en otros lugares de Oriente Próximo, hay razones para suponer que los refugiados árabes preferirán en la mayoría de los casos establecerse en Estados árabes. No solo porque allí encontrarán un entorno más familiar y afín, sino también porque, con las mismas condiciones económicas *absolutas*, estarán mejor en términos *relativos* con sus vecinos que allí viven.

6. Casi 200.000 de los refugiados se encuentran en Siria y Líbano, donde están integrados en gran medida en las economías de sus países de acogida. Parece poco probable que muchos de ellos quieran volver a desarraigarse.

7. Las aspiraciones a la unidad y las tendencias federativas en el mundo árabe han aumentado las posibilidades de rehabilitación de los refugiados fuera de Israel y mejorado las perspectivas de desarrollo económico de los Estados árabes implicados.

8. Más de la mitad de los refugiados han adquirido la ciudadanía jordana y algunos de ellos ocupan ahora altos cargos en la jerarquía del Gobierno jordano. Muchos de estos refugiados vacilarán en renunciar a esos puestos y a los beneficios que suponen para emigrar a Israel.

9. Los refugiados palestinos son seres humanos como todos los demás y, por lo tanto, es probable que actúen en su propio interés individual si no se plantean la cuestión abstracta de si «quieren volver a casa», sino la de ser práctica y realmente libres de decidir dónde y cómo quieren reconstruir sus vidas y retomar sus actividades y profesiones anteriores. Esto también lo confirma el hecho de que hasta ahora no ha habido serios problemas con los 200.000 habitantes árabes de Israel, a pesar de la constante incitación contra Israel en las emisoras de radio árabes, así como de las normas de seguridad israelíes y las nuevas restricciones de sus derechos y privilegios, que parecen discriminatorias para los árabes y deberían abolirse como parte de la solución global.

10. Los refugiados que decidieran regresar a Israel serían, por lo general, precisamente aquellos que podrían integrarse en la sociedad que allí se formara, que encontraran en ella una mejor realización de sus vidas y que, precisamente por estas razones, no estarían llenos de hostilidad hacia Israel.

11. Los retornados deberán aportar pruebas de sus intenciones pacíficas.

12. Dado que todos los países implicados tendrían que comprometerse a cooperar con la autoridad internacional responsable de la operación —al menos en lo que se refiere a proporcionar tierras para proyectos de asentamiento y a aplicar los acuerdos de armisticio para evitar acciones hostiles—, la consiguiente disminución de las tensiones reduciría significativamente los peligros que podrían emerger en el futuro a causa de una quinta columna.

UNA FASE DE PRUEBA

13. Otra garantía de seguridad es la duración de la repatriación. El reasentamiento de todos los refugiados duraría entre cinco y diez años. Esto daría tiempo suficiente para tomar precauciones si se perfilara una situación peligrosa.

14. Esta garantía de seguridad puede mejorarse estableciendo una fase de prueba planificada. La fase de prueba debería extenderse a lo largo de los dos o tres primeros años de la operación, durante los cuales sería previsible repatriar y reasentar a 200.000 refugiados. Durante esta fase de prueba se apreciará cuántos de los refugiados querrán establecerse en las distintas zonas de asentamiento y si los que regresan a Israel suponen una amenaza para la seguridad del estado predominantemente judío.

En caso de que hubiera problemas graves, Israel podrá, por supuesto, ejercer sus derechos de soberanía y protegerse de la forma que considere oportuna. Pero, si no hubiera problemas graves, el plan podría continuar sin contratiempos hasta su cumplimiento.

Por todas estas razones y las medidas de protección asociadas, *es* posible combinar el derecho de Israel a la seguridad con el derecho de todo refugiado al retorno.

Esto no quiere decir que, pese a todas estas medidas de protección, Israel no corra ningún riesgo para su seguridad o su economía. Pero si Israel no hace nada en absoluto, correrá riesgos aún mayores.

GARANTÍAS DE SEGURIDAD PARA LOS REFUGIADOS

Los refugiados también corren riesgos cuando regresan a Israel, donde constituirían una minoría y, por tanto, estarían obligatoriamente sometidos a las decisiones de la mayoría. En consecuencia, también ellos necesitarán garantías de seguridad.

Frente a estos riesgos, el Gobierno israelí tendría que garantizar los siguientes derechos de los retornados.

1. Todos los retornados que no hayan adquirido ninguna otra ciudadanía deberán poder disfrutar de la plena ciudadanía israelí inmediatamente después de su regreso, sin ningún tipo de discriminación social, étnica o religiosa.

2. A todos los retornados que hayan adquirido otra ciudadanía se les deberá conceder la ciudadanía plena tras un periodo de naturalización, que no debería ser excesivamente largo (por ejemplo, no más de tres años desde la fecha de su inmigración o declaración de su intención de convertirse en ciudadanos israelíes).

3. Dicha ciudadanía igualitaria deberá incluir los siguientes derechos:

a) El derecho a circular y residir libremente en cualquier parte de Israel, a dedicarse a cualquier ocupación o negocio y a poseer propiedades.

b) El derecho a la plena afiliación a sindicatos, asociaciones de fabricantes, movimientos cooperativos y asociaciones profesionales.

c) El derecho al ejercicio y el desarrollo independiente de actividades culturales, religiosas, educativas y lingüísticas.

d) El derecho a disfrutar en igualdad de condiciones de los beneficios que aportan el desarrollo social general y los servicios que el Estado presta también a otros grupos de ciudadanos.

e) El derecho a emigrar.

LA SOLUCIÓN

1. Proponemos la creación de una Comisión Especial de la ONU o Autoridad de Repatriación y Reasentamiento (RRA)[23] responsable ante la Asamblea General de las Naciones Unidas y encargada de resolver el problema de los refugiados palestinos tanto mediante la repatriación y el reasentamiento de los refugiados árabes palestinos como mediante la supervisión de los pagos de compensación por las propiedades que dejaron atrás los refugiados árabes en la Palestina israelí y los emigrantes judíos en los Estados árabes.

2. La RRA debería seguir el modelo de las comisiones mixtas de armisticio para Oriente Próximo, con representación paritaria de todas las partes árabes e israelíes implicadas y pre-

sidida por un representante independiente de la Asamblea General de las Naciones Unidas.

3. Deben tomarse medidas preventivas para que los refugiados árabes puedan expresar sus opiniones, demandas y deseos, ya sea a través de sus propias organizaciones existentes o a través de un comité unificado[24] que represente a todos los refugiados. Deben tomarse medidas preventivas comparables para los emigrantes judíos de los Estados árabes que ahora viven en Israel y tienen derecho a una compensación por las propiedades que dejaron en los Estados árabes.

4. A todo refugiado árabe que pueda demostrar a la RRA de forma creíble que en 1948 tenía una residencia fija en la Palestina israelí se le debe dar la oportunidad de ser reasentado con sus familiares más cercanos y proporcionarle un alojamiento adecuado y una explotación agropecuaria o un medio de vida alternativo

   a) en Palestina (si no existe ninguna preferencia entre Israel y la Palestina árabe),
   b) en Israel,
   c) en la Palestina árabe o
   d) en otro Estado árabe.

5. A todos los demás refugiados árabes se les deben garantizar las opciones (c) y (d), incluida la posibilidad de elegir entre al menos tres lugares de asentamiento diferentes, con las mismas normas de alojamiento y explotación agrícola o medios de vida alternativos.

6. Todos los refugiados árabes palestinos y todos los judíos que hayan abandonado alguno de los Estados árabes desde 1948 deben recibir una compensación por el valor total de las propiedades que hayan abandonado independientemente del lugar en el que se asienten.

7. Al decidir cuál de las alternativas le convienen, todo refugiado que decida establecerse en Israel y ya no sea ciudadano de otro Estado debe jurar lealtad al Estado de Israel y comprometerse a obedecer sus leyes y a vivir en paz con sus vecinos y conciudadanos.

8. Pero, si es ciudadano de otro Estado, se le debe permitir establecerse en Israel a condición de que

   a) declare su intención de vivir en paz con sus vecinos y conciudadanos,
   b) renuncie a su otra ciudadanía (siempre que el estado del que es ciudadano no esté en paz con Israel) y
   c) solicite la ciudadanía israelí.

9. Cada estado árabe debe estar autorizado para aplicar los procedimientos expuestos en los puntos 7 y 8 para los refugiados que decidan establecerse dentro de sus fronteras.

10. La RRA establecerá el calendario de repatriación y reasentamiento.

11. Israel y los Estados árabes deberán comprometerse a cooperar estrechamente con la RRA para apoyarla en sus tareas mediante, al menos, las siguientes medidas:

a) La provisión de tierras para proyectos de asentamiento y financiación para la RRA.

b) La fiel aplicación del Acuerdo de Armisticio de 1949, tanto en su letra como en su espíritu. Aquí se establecería lo siguiente: «No se emprenderá, planificará ni se amenazará con ninguna acción agresiva por parte de las fuerzas armadas de una parte —ya sea en tierra, mar o aire— contra la población o las fuerzas armadas de la otra parte; [...] se respetará el derecho de cada parte a la seguridad y a no ser atacada por las fuerzas armadas de la otra parte».

12. La RRA deberá realizar un estudio detallado y un censo para determinar

a) qué refugiados eran habitantes de la Palestina israelí en 1948,

b) qué refugiados árabes poseían propiedades en la Palestina israelí, cuáles de los judíos que abandonaron Irak y Egipto poseían propiedades allí, cuántas propiedades poseía cada uno de ellos y en qué medida han recibido ya una compensación,

c) qué posibilidades técnicas y económicas existen para el asentamiento agrícola y de otro tipo de los refugiados árabes en Israel y en los Estados árabes. (Esto deberá realizarse en primer lugar con rapidez sobre la base de diversos estudios ya realizados, como el Plan Johnston para el desarrollo del Valle del Jordán,[25] los planes de rehabilitación y desarrollo de la UNRWA, etc. A continuación, la RRA podría iniciar sin demora otros trabajos y, si es posible, centrarse primero en los casos más «perentorios» entre los refugiados, mientras se llevan a cabo investigaciones más exhaustivas y detalladas).

13. La RRA deberá iniciar proyectos de repatriación y reasentamiento en el mayor número posible de estos lugares para dar a los refugiados tantas opciones como sea posible.

14. La RRA deberá llevar a cabo campañas intensivas de educación e información para dejar claro a los refugiados qué opciones tienen. En particular, deberá esforzarse por informar claramente a los refugiados sobre las posibles formas de «regreso a casa» y las opciones resultantes, y proteger a los refugiados de cualquier coacción respecto a dichas opciones. Esta labor de clarificación deberá continuar durante todo el periodo de asentamiento, aprovechando los contactos entre los refugiados ya asentados tal y como se ha descrito más arriba, y los que aún permanecen en los campos como refugiados o en las listas de racionamiento de la UNRWA. En este contexto, la RRA deberá realizar sondeos estadísticos regulares sobre la opinión de los refugiados acerca de las distintas opciones, a la luz de la labor de aclaración y de los informes que recibirán de los ya asentados en las distintas zonas.

15. Dado que estas opiniones se ven influidas por la información continua sobre las condiciones de los asentamientos que la RRA pone a disposición de los refugiados, por los informes de los colonos a sus amigos refugiados, por las visitas a los asentamientos y por otros medios, la RRA debe planificar los proyectos de asentamiento con flexibilidad y adaptar su desarrollo, en la medida de lo posible, a las preferencias cambiantes de los refugiados.

16. Si bien los refugiados pueden registrarse para un asentamiento prioritario en lugares específicos, deben tener dere-

cho a cambiar su registro a intervalos regulares y de acuerdo con los procedimientos que establezca la RRA.

17. La RRA deberá planificar la repatriación y el reasentamiento en varias fases. La primera fase no deberá durar más de tres años desde el establecimiento de la RRA y deberá considerarse una fase de prueba en la que se reasentaría a unos 200.000 refugiados.

18. A los refugiados que reciban una compensación a través de la RRA podrá pagárseles la mitad de la compensación —por ejemplo, hasta 1.000 dólares por familia— inmediatamente después de que se autorice la compensación. Sin embargo, la cantidad restante deberá permanecer en manos de la RRA. Además, la RRA deberá gastar 2.500 dólares en el asentamiento de la familia y pagar con la cantidad restante a la UNRWA los gastos de mantenimiento per cápita de la familia a partir de la fecha del pago parcial de la compensación. La cantidad restante deberá pagarse al refugiado una vez que él y su familia ya no sean refugiados bajo la protección de la UNRWA, ya sea por haberse reasentado o por otras razones.

19. La RRA deberá así encargarse de recaudar fondos para financiar las actividades de compensación, repatriación y reasentamiento de los gobiernos de Israel y de los Estados árabes, así como de otras fuentes.

20. El Estado de Israel deberá expresar su sincera preocupación por los refugiados árabes destinando una parte de sus ingresos, ya sean de origen extranjero o nacional, a financiar la RRA.

21. Los Estados árabes deberán expresar su sincera preocupación por la reintegración de sus compatriotas árabes en una vida digna y productiva pagando un porcentaje de las tasas de petróleo y tránsito de Oriente Próximo, así como un pequeño porcentaje de sus presupuestos nacionales a la RRA (considerando el ahorro que supondría tanto para Israel como para los Estados árabes la reducción de los gastos en armamento que se derivaría de la disminución de las tensiones resultante de la labor de la RRA).

22. Estados Unidos y otros miembros de la ONU deberán estar dispuestos a hacer una contribución sustancial a los costes de la solución del problema de los refugiados palestinos. Incluso si Estados Unidos tuviera que sufragar por sí solo los costes de todo el proyecto, sería un precio muy bajo si se tiene en cuenta lo que con ello contribuiría a aliviar las tensiones en Oriente Próximo y reducir el riesgo resultante de una guerra mundial.

23. Todas las propuestas anteriores deben entenderse exclusivamente como componentes inseparables de una solución integral a todo el problema. La solución integral puede, por supuesto, discutirse y modificarse, pero las propuestas aquí enumeradas no pueden valer por sí solas. Todas presuponen la adopción del plan en su conjunto.

OBSERVACIÓN FINAL

Con estos 23 puntos se cumplirían las condiciones y se resolvería el problema. Se devolvería a los refugiados una vida aceptable y productiva. Recuperarían sus propiedades o el valor actual de las mismas. Todos podrían «volver a casa» si los hechos objetivos lo permitiesen. Todos los países de la región se beneficiarían de una mayor seguridad y de una conciencia tranquila. Y el riesgo de guerra se reduciría considerablemente, tanto para Oriente Próximo como para el mundo entero.

Solo resta una pregunta: ¿es factible la solución? ¿Existe alguna posibilidad de que se aplique?

Las discusiones anteriores sobre el problema se resintieron mucho con la complejidad y la inclusión inadecuada de temas que aquí intentamos dejar de lado. Como resultado, se exageraron mucho las dificultades y se desalentó en exceso a quienes acometieron la empresa de solucionar el problema. Se afirmaba casi de forma rutinaria que el problema era demasiado espinoso, que era «una patata demasiado caliente» o que estaba demasiado relacionado con la Guerra Fría; que las dimensiones económicas eran demasiado vastas para tenerlas en consideración, o que la hostilidad de las partes en conflicto era demasiado intensa para permitir un compromiso. Sin embargo, hemos visto que en cuanto alguien se atreve a intentar medir la supuesta inmensidad de estas dimensiones, estas se reducen hasta hacerse abordables. A pesar de la inflexibilidad pública, hay en Israel grupos judíos y árabes que buscan una solución practicable. Y en los Estados árabes, donde la presión pública es mucho mayor y la expresión de opiniones inconformistas resulta casi imposible, hay muchas personas que tienen una idea más juiciosa de la situación, adoptan en privado una actitud menos pasional y esperan una solución constructiva. Entre los propios refugiados, miles han renunciado a su estatuto de refugiados para empezar una nueva vida fuera de los campos y fuera de Israel, a pesar de la amenaza de violencia, la presión política, la intimidación de los agitadores, y la seguridad y el apoyo que proporcionan los campos de refugiados (incluidas las raciones de socorro). La opinión pública de otras partes del mundo también está surtiendo efecto. Esta convenció a Israel para que retirara sus tropas del Sinaí y llevó a Egipto a tolerar la Fuerza de Emergencia de las Naciones Unidas.[26]

El odio no dura eternamente. Una solución concebida como algo justo puede conducir al fin de las hostilidades y crear un nuevo clima para una posible cooperación. Pero lo que importa ahora es disipar el desaliento y la intimidación que resultaron de una exageración ya casi tradicional, tanto de la magnitud del problema como del carácter inquebrantable de la resistencia a cualquier solución. Sea cual sea la parte que, en esta situación, tome la iniciativa para la creación de una Autoridad para la Repatriación y el Reasentamiento según las líneas aquí propuestas estaría en condiciones de superar los obstáculos para resolver el problema de los refugiados palestinos y prestaría así un extraordinario servicio a la humanidad, la seguridad y la paz.

INTERNACIONALISMO, INTEGRACIÓN Y SEPARACIÓN
Abba P. Lerner

A esta comisión no se le pidió que incluyera en su informe una exposición de la filosofía subyacente a su comprensión del lugar que ocupa el problema de los refugiados palestinos en el mundo actual. Tal exposición no encontraría fácilmente la aprobación unánime en una comisión compuesta predominantemente por miembros con puntos de vista filosóficos muy diferentes. Sin embargo, me parece que tanto la forma de abordar el problema por parte de la comisión como la solución propuesta se hallan sumidas en una atmósfera inequívocamente filosófica, sociológica y política. Por ello, quiero publicar la siguiente declaración con mi propio nombre.

El análisis del problema de los refugiados palestinos que se expone en este informe y las directrices sobre cuya base se propone una solución me parecen corresponder notablemente al *zeitgeist* actual.

Si el análisis es correcto, Palestina seguiría dividida en una Palestina judía (Israel) y una Palestina árabe (Jordania y la Franja de Gaza) a pesar de la total libertad que la solución propuesta ofrecería al refugiado individual para regresar. Esto es contrario a los ideales de muchos internacionalistas y de los principales sionistas que, antes de 1948, buscaban el desarrollo de Palestina en un único estado binacional. Sin embargo, no está en contradicción con la manera en que, durante las últimas décadas, se han tratado estos problemas en muchas partes del mundo.

En las sociedades democráticas modernas, las personas que viven en el mismo territorio —algo quizá debido a la creciente movilidad y contacto entre las gentes— reciben cada vez con más frecuencia un trato igualitario. *Integración* es la palabra clave, en el sentido de *igualdad de derechos* o *igualdad ante la ley* para todas las personas de la comunidad. Por un lado, este ideal es del todo compatible con la protección o incluso el fomento de la diversidad cultural; por otro, está estrechamente ligado al ideal de la unidad definitiva de todas las naciones en una comunidad internacional integrada. *La integración* y el *internacionalismo* son, de hecho, solo dos aspectos del ideal central de la sociedad democrática moderna, del ideal de la fraternidad de todas las personas.

Sin embargo, en muchos casos importantes existen conflictos fundamentales, y si los actores no consiguen ponerse de acuerdo, esto puede conducir al fracaso total, a la violencia, las masacres y la guerra civil. En tales casos, como en el caso bíblico de Abrahán y Lot, hay que recurrir a la segunda mejor solución, *a la separación*. «Entonces dijo Abrahán a Lot: "Que no haya disputas entre tú y yo [...] porque somos hermanos. [...] ¡Sepárate de mí! Si tú te vas a la izquierda, yo me iré a la derecha [...]"».[27] Esta es la única forma de encontrar la paz cuando la integración no es posible.

Es cierto que el estado territorial moderno rompe con los patrones de separación que resultan de la inmovilidad social y geográfica, y garantiza a todos los ciudadanos la *igualdad ante la ley*. Sin embargo, también es cierto que los intentos de integrar grupos de población completamente diferentes bajo un poder central no han tenido éxito. Cuando la población se ha visto desplazada debido a catástrofes temporales como inundaciones o guerras, ha sido posible que muchos de estos desplazados regresaran una vez pasada la catástrofe. Sin embargo, cuando el problema de los refugiados era el resultado de un conflicto más profundo entre partes de una población por motivos nacionales, culturales, religiosos, lingüísticos o de otro tipo, a menudo solo se podía lograr una solución mediante el reasentamiento en otros territorios donde las causas de los problemas originales no estuvieran presentes o fueran menos graves, no mediante la repatriación. La solución consistía en la *separación* de los grupos de población que no podían convivir en paz. Ejemplos destacados son los casos de los turcos y los griegos en Asia Menor, los alemanes y los checos en Bohemia-Moravia, y los musulmanes y los hindúes cuando India y Pakistán surgieron como entidades políticas separadas tras la Segunda Guerra Mundial.

En Palestina se puede reconocer con claridad exactamente la misma tendencia. El plan original de partición de la ONU para dividir Palestina en un sector judío y otro árabe fue también un intento de escapar a las dificultades para *integrar* a los dos mayores grupos de población del país recurriendo a la alternativa inferior de la *separación*. La actual partición de Palestina en una Palestina árabe y una Palestina judía (o Israel) no es más que otra partición —más sencilla que la propuesta de partición de 1947 y más adecuada, dada la actual distribución de la población (aunque todavía está lejos de ser ideal)— que podría permitir a los dos pueblos vivir en paz, como hicieron Lot y Abrahán al decidir *no* acercarse demasiado el uno al otro.

El mejor ideal, el más elevado, es que *todos* los hombres convivan en paz. Ese es el ideal de la *integración internacional*. Sin embargo, cuando los hombres son incapaces de convivir en paz, es mejor recurrir a una *separación* mediante la cual cada grupo pueda llevar una vida pacífica y armoniosa entre miembros afines hasta que estén preparados para una mayor integración. Este recurso a la segunda mejor solución de la separación es tanto más satisfactorio si puede hacerse voluntariamente, como fue posible en el caso de Abrahán y Lot y lo es ahora en el de los refugiados árabes palestinos.

El regreso de algunos de los actuales refugiados árabes a Israel no conduciría a un estado binacional, pero una vez resuelto el problema de los refugiados, los intereses comunes de todos los habitantes de la región tendrán una oportunidad de prevalecer. Entonces se podría tener la esperanza de un mayor desarrollo del Mediterráneo oriental y una cooperación económica entre los distintos estados, lo que permitiría a todos llevar una vida más satisfactoria. Un desarrollo así acabará demostrando que la *separación* solo fue el primer paso hacia la *integración*.

ANEXO 1
UNA DESCRIPCIÓN GENERAL DE
LAS COMUNIDADES DE REFUGIADOS

El problema de los refugiados palestinos es un fenómeno social y político único. No se trata de refugiados en el sentido tradicional, es decir, de personas que han sido desplazadas de sus tierras y ahora se ven obligadas al exilio en países extranjeros.

Por un lado, sí se trata de una gran comunidad étnica cuyos miembros se han visto desplazados de sus casas, negocios, campos y lugares de trabajo, pero, por otro, la mayoría aún se encuentra en partes de su propio país —en la Franja de Gaza bajo el control de Egipto y en la parte occidental del antiguo Mandato de Palestina bajo el control de Jordania— y no en países extranjeros. Especialmente en Jordania, los refugiados no son extraños en un entorno extranjero.

Esta comunidad étnica de varios cientos de miles de personas lleva una intensa vida estatal y comunitaria. En Jordania (donde vive la mayoría de los refugiados) son ciudadanos que hacen un uso vociferante y a menudo subversivo de su derecho al voto. Participaron decisivamente en el derrocamiento de gobiernos, controlan el parlamento y obligan al Gobierno de su país de acogida a tomar decisiones trascendentales de alcance internacional.

Disponen de un sistema escolar considerado generalmente como uno de los mejores del llamado mundo árabe, con 168.400 alumnos, 3.137 profesores, 372 escuelas y varios centros de formación profesional. En el último informe del Comisionado General de la UNRWA se lee: «El sistema educativo se ha desarrollado en los últimos años hasta el punto de que todos los refugiados en edad escolar que desean asistir a la escuela primaria pueden hacerlo. La nueva cohorte se compone ahora principalmente de alumnos en edad normal de ingreso en la escuela (seis años) [...]».[28]

Estas escuelas fueron construidas, equipadas, organizadas y financiadas por la UNRWA. Sin embargo, fueron los propios refugiados quienes proporcionaron el personal y la UNRWA no tiene ningún control sobre el plan de estudios ni sobre la dirección y la naturaleza política de la educación.

Los centros de formación profesional en Gaza y en Qalandia, cerca de Jerusalén (ambos en la antigua Palestina), figuran entre los más eficaces. «Los graduados de estos últimos», afirma Henry R. Labouisse, «no tuvieron dificultades para encontrar trabajo no solo en Jordania, sino también en Irak y en la región del golfo Pérsico».[29]

Esto también es aplicable a los centros de formación de profesores. «Los países del norte de África y del golfo Pérsico han intentado colocar a un número considerable de profesores refugiados, la mayoría de los cuales han sido formados por la organización (UNRWA)».[30]

Es probable que la extensión y el nivel de la educación en esta comunidad de refugiados no tengan precedentes en relación con grupos comparables de no refugiados en Oriente Próximo. En cualquier caso, este sistema supera con creces los estándares y el nivel de educación jamás alcanzados por ningún grupo de población en el antiguo Mandato de Palestina.

Lo mismo sucede con la asistencia sanitaria organizada por la UNRWA para los refugiados, que incluye medidas médicas preventivas, estancias hospitalarias, laboratorios, farmacias, instalaciones sanitarias, etc., con un personal que en la actualidad asciende a 3.594 colaboradores.

Estos servicios de asistencia se encuentran, comparativamente, entre los más eficaces de esta parte del mundo. Cuando, por ejemplo, a principios de 1957 se declaró en Líbano
una epidemia de viruela que se extendió a otros países, los
habitantes de los campos permanecieron casi inmunes gracias a la rápida vacunación masiva.[31]

La tasa de mortalidad es más baja que en la Palestina del
Mandato, aunque no se dispone de estadísticas precisas, ya
que los refugiados se niegan a informar a la UNRWA de las
muertes en los campos, mientras que la tasa de natalidad
coincide más o menos con otras estimaciones para Oriente
Próximo, y estas parecen ser bastante exactas. Según F.
Theodore Witkamp, el informe del Grupo de Investigación sobre Problemas Migratorios Europeos afirma: «En
conjunto, los internos de los campos no parecen estar tan
mal a primera vista en comparación con otros habitantes de
Oriente Próximo. Viven sin pagar alquiler, reciben asistencia médica, el hospital está cerca y a menudo tienen acceso
a maternidades y clínicas pediátricas. En los campos no hay
verdadera desnutrición, y no faltan oportunidades para el
recreo en forma de deportes y juegos».[32] La ropa se la proporciona directamente la UNRWA u organizaciones filan-
trópicas (en este último caso, se trata sobre todo de ropa
usada). El año pasado, la UNRWA proporcionó ropa nueva
a cerca de 390.000 niños y niñas refugiados de entre uno y
quince años.

En cuanto a las raciones de socorro, «[…] el suministro de
alimentos de la UNRWA consiste en raciones mensuales equi-
valentes a 1.600 calorías diarias en invierno y 1.500 calorías
diarias en verano. Esto parece muy poco, pero no constituye
una desventaja comparado con la situación de los fellahs
egipcios pobres, por ejemplo. Además, todas las personas de

entre uno y quince años de edad (la mitad de los refugiados) reciben una ración diaria de leche desnatada y los bebés menores de un año una ración de leche entera. Las mujeres embarazadas reciben raciones adicionales para poder consumir un total de hasta 2.000 calorías diarias. De hecho, el suministro es tan bueno que los refugiados (especialmente en Jordania) a menudo se encuentran en mejor situación que la población local. Un estudio de la UNRWA sobre la constitución física y el peso de los niños pequeños refugiados en comparación con los autóctonos lo ha demostrado incontestablemente».[33]

Sería un error suponer que los refugiados solo reciben las raciones oficiales de alimentos. Las organizaciones privadas proporcionan alimentos y ropa adicionales y, en ocasiones, también distribuyen dinero en efectivo. Además, se ofrece a los refugiados la oportunidad de obtener algunos ingresos de una forma u otra dentro o fuera de los campos. De hecho, la UNRWA ofrece a los refugiados trabajos remunerados. Por ejemplo, en el último informe del Comisionado General leemos que «gran parte de la ropa (distribuida a los refugiados) fue tejida por trabajadores refugiados que viven en la Franja de Gaza. La ropa así producida se distribuyó en Gaza y Jordania, así como en Líbano y Siria».[34]

Para recibir las prestaciones asistenciales arriba mencionadas no es necesario un trabajo que les asegure el sustento. La falta de ocupación resultante permite a los miembros de la comunidad de refugiados entregarse a las pasiones políticas y participar en los correspondientes debates, agitaciones y disturbios ocasionales.

Sin embargo, ninguna recopilación de estadísticas y otros datos puede ofrecer una imagen precisa y próxima a la realidad de la situación de los refugiados. A pesar de todas las actividades y todos los éxitos de la UNRWA, el destino de los refugiados es lamentable y desalentador.

Como señala F. Theodore Witkamp en su estudio, «[…] por otro lado, vemos a muchos refugiados viviendo una vida sin sentido en alojamientos abarrotados que a menudo tienen filtraciones y son de lo más incómodos. Las mezquitas y los cobertizos en los que se alojan otros refugiados pueden estar bien cerrados, pero tienen corrientes de aire y son inhóspitos, y no ofrecen a sus habitantes y familias ningún tipo de intimidad, a pesar de los vanos intentos de aislarse unos de otros con mantas y cartones. A esto se añade la ubicación aislada de muchos campos, lo que hace casi imposible cualquier tipo de relajación o entretenimiento fuera de ellos, aunque solo sea un "paseo por la ciudad".

»Un número cada vez menor de refugiados vive en chabolas junto a los vertederos de las afueras de las ciudades y pueblos, tan típicos del Este. A pesar de su horrible aspecto y de las pésimas condiciones higiénicas, estos asentamientos son en algunos respectos preferibles a los campos. Esto se debe a que la continua asistencia y la convivencia forzada en los campos fomentan una cierta "mentalidad de refugiado profesional": poca alegría de vivir, pérdida de la independencia ("Ya no puedo hacer esto por mí mismo"), creciente falta de iniciativa ("Ya me proveen de todos modos"), falta de disposición a asumir la responsabilidad de la propia vida, aunque ello sea posible ("¿De qué me va a servir?"). […] Resumiendo, puede decirse que son varios cientos de miles de personas que viven en condiciones muy desfavorables. En condiciones similares, los europeos serían víctimas de epidemias, desnutrición severa y un serio declive social. El árabe físicamente endurecido apenas muestra signos de estos fenómenos. El vacío de su vida parece dejar pocas huellas en su cuerpo».[35]

Don Peretz describe la situación de forma similar en su libro *Israel and the Palestine Arabs*:

> [...] un viaje por los campos de refugiados bastaba para convencer a un observador de que estas cifras decían poco sobre la penosa situación de los refugiados. Muchos de los que vivían en tiendas agujereadas y desgarradas eran antiguos habitantes de clase media de las ciudades que habían tenido casas modestas, pero adaptadas a sus necesidades, en su tierra natal. En Palestina, su vida social se basaba en un sistema familiar que se volvía asfixiante en los campos superpoblados y opresivamente calurosos. La independencia y la iniciativa de los antiguos artesanos y agricultores se extinguieron ante el aburrimiento y la frustración que provocaban los campos. Empezó a crearse una mentalidad de refugiado profesional entre las personas que durante casi diez años no habían encontrado otro medio de existencia que vivir de la limosna de las Naciones Unidas.
>
> A pesar de las extraordinarias medidas de la UNRWA —había pocas dudas de que estas operaciones de socorro habían mantenido con vida a la mayoría de los refugiados—, las repercusiones psicológicas y emocionales de la situación suponían una seria amenaza para la estabilidad en Oriente Próximo. Tanto el resentimiento latente contra su estatus como sus condiciones de vida crearon entre los refugiados unas tensiones que a menudo amenazaban con desestabilizar los regímenes políticos existentes en las zonas donde se encontraban sus campos».[36]

ANEXO 2

RESUMEN DE LA SITUACIÓN DE LOS REFUGIADOS EN
OTRAS PARTES DEL MUNDO

John G. Stoessinger

Aunque las estadísticas sobre la población mundial de refugiados siguen siendo alarmantes, las naciones del mundo consiguieron, sobre todo en Europa, aplicar con éxito programas de repatriación, reasentamiento y rehabilitación a gran escala en los años posteriores al fin de la Segunda Guerra Mundial. Se estima que más de 30 millones de personas se vieron obligadas a abandonar sus hogares como consecuencia de los conflictos.[37] La mayoría de ellas regresaron a sus hogares o se reasentaron en otros lugares. En gran parte, este reasentamiento se produjo por iniciativa propia. Este fue en particular el caso de los trabajadores forzados, que regresaron a sus hogares como pudieron tras la derrota de los ejércitos nazis. En muchos casos, este proceso se llevó a cabo con el apoyo de las autoridades militares aliadas y de organizaciones interestatales especiales, como la Administración de las Naciones Unidas para el Auxilio y la Rehabilitación (UNRRA)[38] y la Organización Internacional de Refugiados (IRO).[39]

Entre el final de la guerra y el otoño de 1945, solo la UNRRA repatrió o reasentó a seis millones de refugiados. A principios de 1946, 1.676.000 desplazados de guerra aún no habían sido reasentados.[40] Un año y medio después, es decir, en junio de 1947 (fecha a partir de la cual la IRO asumió la responsabilidad), se habían reasentado un millón de personas más, con lo que quedaban poco más de 600.000 personas sin hogar.

A estas hay que añadir los más de 900.000 refugiados adicionales registrados por la IRO en el marco de sus actividades, con lo que el número total de personas bajo el mandato de la IRO asciende a 1.619.000. Entre el 1 de julio de 1947 y el 31 de diciembre de 1951, fecha en que la IRO cesó en sus actividades, 1.038.000 personas fueron reasentadas, 73.000 fueron repatriadas y 97.000 murieron o desaparecieron.

Desde entonces, este número ha ido disminuyendo gracias a la acción coordinada de grupos privados y organizaciones oficiales, de modo que, según un informe reciente del Alto Comisionado de las Naciones Unidas para los Refugiados, todavía se considera que 178.000 refugiados no han sido reasentados.[41]

Estas cifras no tienen en cuenta los problemas particulares a los que se enfrentan los desplazados y refugiados alemanes. Otro grupo de desarraigados son los alemanes expulsados de las provincias orientales a raíz del Acuerdo de Potsdam, los llamados expulsados del Este.[42] Alrededor del 45 por ciento de estos once millones de expulsados se integraron, aproximadamente un 25 por ciento se incorporaron a la economía, pero algo menos del 30 por ciento siguen formando una población marginal. En la actualidad, esta «población marginal» está formada por unos tres millones de personas que no han conseguido afianzarse de forma permanente en la economía alemana. Además, desde el final de la Segunda Guerra Mundial ha habido una afluencia constante de refugiados procedentes de los territorios ocupados por los comunistas a la zona occidental de Alemania y a Berlín Occidental. Estos refugiados fueron los precursores de los luchadores húngaros por la libertad. Abandonaron sus casas, posesiones y amigos en el convencimiento de que la oportunidad de una nueva vida merecía la pena. Aunque las patrullas fronterizas soviéticas consiguieron sellar las fronteras casi herméticamente, estos refugiados a menudo arriesgaron sus vidas para alcanzar la libertad. Las increíbles historias sobre sus asombrosas hazañas llegaban a menudo a la prensa. Por citar solo algunos ejemplos: «Un refugiado es rescatado inconsciente debajo de una carga de carbón mientras esta era descargada de un vagón de ferrocarril procedente de Checoslovaquia en Alemania [...] Un estudiante polaco pasó por el túnel de una mina de uranio y huyó a Alemania Occidental [...] Un pescador lituano encerró a la tripulación rusa en la bodega y huyó a Suecia en el bote auxiliar del barco [...]».

La mayoría de los costes de reasentamiento de estos refugiados corren a cargo de la República Federal de Alemania con el apoyo de organizaciones privadas.

En general, puede decirse que los recientes problemas con los refugiados en Oriente Próximo y en el Extremo Oriente han resultado especialmente difíciles. En primer lugar, la partición del subcontinente indio hace diez años desencadenó una brutal guerra fratricida entre hindúes y musulmanes que provocó migraciones masivas. En la actualidad, todavía hay más de siete millones de refugiados indios y pakistaníes en busca de un asentamiento permanente. Otra causa del problema de los refugiados de nuestro tiempo fue la Guerra de Corea. Esta sangrienta guerra de desgaste, con sus líneas de frente en constante cambio, provocó que alrededor de siete millones de refugiados de Corea del Norte buscaran asilo político en la mitad sur de la península. De ellos, solo un millón ha encontrado un hogar permanente. Hong Kong se ha convertido en un refugio para un gran número de refugiados de la China continental que huyeron a medida que el Gobierno comunista iba ampliando su control sobre el país. Antes de la guerra, Hong Kong tenía unos 700.000 habitantes. Hoy, según estimaciones conservadoras, su población es de tres millones de personas, casi todas refugiadas que viven en las condiciones más miserables. Eso significa que Hong

Kong tiene la segunda tasa de refugiados más alta del mundo en un solo lugar.

Una de las historias de refugiados más notables de Oriente tuvo lugar en Vietnam. Cuando el país se dividió en el paralelo 17, según lo acordado en el Armisticio de Ginebra de 1954, se tomaron medidas para el reasentamiento de grupos de población. A pesar de los esfuerzos concertados del régimen comunista del norte para restringir la libertad de movimiento con el fin de impedir la emigración al sur, más de 850.000 personas llegaron a Saigón entre finales del verano y comienzos del otoño de 1954. Gracias a las masivas medidas de emergencia por parte de organizaciones estatales y privadas, y a las posteriores políticas económicas del Gobierno de Ngô Đình Diêm, pudo resolverse el problema de los refugiados en tres años,[43] aunque las estimaciones sobre la «extensión» de los reasentamientos varían en algunos casos.

Una cuidadosa estimación de la población mundial de refugiados desde el final de la Segunda Guerra Mundial ha arrojado algo menos de 60 millones de personas. De ellas, más de 40 millones han sido reasentadas de una forma u otra. En la actualidad, todavía hay alrededor de 17 millones de personas huidas.

En este momento se están realizando una serie de intentos en los ámbitos estatal e interestatal para rehabilitar a estos hijos adoptivos de la sociedad humana y reintegrarlos en la comunidad mundial que los ha rechazado. De ello se encargan esencialmente tres órganos diferentes de las Naciones Unidas: en primer lugar, el Alto Comisionado de las Naciones Unidas para los Refugiados (ACNUR),[44] que se dedica a resolver el problema mundial de los refugiados en general. En segundo lugar, la Agencia de Naciones Unidas para los Refugiados de Palestina en Oriente Próximo está trabajando con los refugiados árabes de Oriente Próximo para afrontar este problema tan desafiante. Por último, la Autoridad de las Naciones Unidas para la Reconstrucción de Corea (UNKRA)[45] está intentando rescatar a los refugiados coreanos que permanecen en la devastada península.

El Alto Comisionado de las Naciones Unidas para los Refugiados sufre una falta crónica de financiación. Tanto el primer alto comisionado para los refugiados, el doctor Gerrit Jan van Heuven Goedhart, como su recién nombrado sucesor, August Rudolf Lindt, dependían casi exclusivamente de las contribuciones voluntarias de los gobiernos y de fuentes privadas. Con un presupuesto administrativo anual de 685.000 dólares y un presupuesto operativo totalmente dependiente de los llamamientos a donaciones dirigidos a los gobiernos miembros, el Alto Comisionado ha quedado degradado a receptor de limosnas entre las organizaciones internacionales. Ante esta grave limitación, el Alto Comisionado se ha visto obligado a concentrarse únicamente en los casos más desesperados dentro de su amplio mandato. Lindt tuvo que abandonar prácticamente todas sus esperanzas de llevar a cabo programas de reasentamiento a gran escala. Sin embargo, el Premio Nobel de la Paz concedido al Alto Comisionado el 3 de noviembre de 1955 por «promover la fraternidad de las naciones» atestigua los éxitos que la organización fue capaz de lograr incluso en las circunstancias más adversas. Pero, en este momento, los fondos del Alto Comisionado están una vez más casi agotados y apenas se vislumbran nuevas ayudas. Con tan escaso apoyo financiero, la organización bien podría convertirse en una caricatura del fin para el que fue fundada.

La Oficina de las Naciones Unidas para la Reconstrucción de Corea (UNKRA), la más reciente de las organizaciones de las Naciones Unidas para los refugiados, se fundó en 1951 por iniciativa de Estados Unidos para llevar a cabo operaciones de ayuda, incluida la asistencia a las personas desplazadas en la zona devastada por la guerra. También en este caso, la organización apenas pudo proporcionar algo más que ayuda de emergencia a los refugiados más afectados debido a la falta de medios.

Merece la pena mencionar otras dos organizaciones de refugiados fuera del ámbito de competencia de las Naciones Unidas. En ocasiones, ambas han llegado al límite de sus capacidades. Inicialmente, el Comité Intergubernamental para las Migraciones Europeas (ICEM)[46] se creó con la finalidad de «transferir emigrantes de ciertos países europeos con superpoblación a países de ultramar». La historia de este comité (compuesto por representantes de veintiuna naciones) no es especialmente inspiradora debido a su acotado mandato. Se limitó a pagar y organizar el tránsito de aquellos emigrantes y refugiados que no podían sufragar los costes del desplazamiento con sus propios recursos. El Comité no fue capaz de persuadir a los distintos países para que moderasen sus restricciones a la inmigración. En la actualidad hay pocos indicios de que el Comité pueda ir más allá de su única función como agencia de viajes internacional en un futuro próximo.

El último intento de apoyar a los refugiados no es un programa internacional, sino un programa que Estados Unidos ha puesto en marcha en solitario. El Programa de Refugiados de Estados Unidos (USEP)[47] fue el que más se ocupó de la inmigración de refugiados húngaros a Estados Unidos y recibió una generosa financiación para este fin.

Además de estas agencias oficiales, existen, por supuesto, las numerosas organizaciones eclesiásticas y no confesionales que han soportado gran parte de la carga de la atención a los refugiados a lo largo de los años. Solo en Estados Unidos, el coste total de tales contribuciones privadas supera el gasto gubernamental.

Un examen más detenido de las cinco organizaciones oficiales que se ocupan actualmente de los refugiados en todo el mundo revela varios factores. En todos estos organismos, tanto si operan dentro del sistema de las Naciones Unidas como de forma independiente, el liderazgo o la falta de liderazgo de Estados Unidos desempeña un papel fundamental. La actitud del Gobierno estadounidense puede determinar el éxito o el fracaso de cualquiera de estas organizaciones.

Estados Unidos no solo ha decidido fundar el ICEM y el USEP fuera del ámbito de competencias de las Naciones Unidas, sino que también ha utilizado su papel de liderazgo para distinguir entre diferentes categorías de refugiados. Nuestra política inicial e inmediata respecto a los refugiados húngaros consideraba que la generosidad estadounidense en este caso no estaba motivada únicamente por el puro altruismo, sino más bien por un pragmatismo político basado en la suposición infundada de que los refugiados que huían de Hungría eran más aptos para la ciudadanía estadounidense que los que habían huido del comunismo antes de que se produjera la revolución. Entre la mayoría de los refugiados restantes existe un considerable resentimiento por esta política.

Los dirigentes estadounidenses estaban bastante dispuestos a crear programas para refugiados en zonas donde los problemas eran claramente definibles en términos étnicos y geográficos. La UNRWA y la UNKRA son ejemplos claros de ello, pero cuando el mandato era amplio e ilimitado, como en el caso del Alto Comisionado de las Naciones Unidas para los Refugiados, Estados Unidos se negó a asumir compromisos.

Esta política ha conducido en primer lugar a la creación del confuso abanico de organizaciones internacionales de refugiados que hay en la actualidad, al que desgraciadamente le falta coordinación e integración. Pero quizá la consecuencia más grave de la influencia estadounidense en los actuales programas para refugiados haya sido nuestra insistencia en que cada una de las organizaciones responsables fuera solo transitoria. Y así vemos en los anales del trabajo con refugiados una sucesión permanente de organizaciones temporales, cada una de ellas fundada para resolver lo que es esencialmente un problema de larga duración. Por lo tanto, el supuesto básico en el que se fundamenta nuestra política merece un detenido análisis.

Decir que la intolerancia engendra refugiados y que, por lo tanto, los refugiados seguirán siendo un fenómeno permanente mientras haya intolerancia en la Tierra, es una perogrullada. No incorporamos esta constatación fundamental a nuestras políticas, sino que adoptamos un enfoque pragmático y poco sistemático ante cada problema según iba surgiendo. Como resultado, la mayoría de las organizaciones de refugiados trabajaron bajo una gran presión y en condiciones de emergencia y se vieron obstaculizadas por la duplicación y la interferencia de competencias en el cumplimiento de sus tareas, lo que menoscabó considerablemente su eficacia. Hay escasa coordinación entre el Alto Comisionado de las Naciones Unidas para los Refugiados, la UNRWA, la UNKRA, el ICEM y el USEP.

Mientras las tareas de estas organizaciones se cruzan en algunos ámbitos, en otros se ha creado una división artificial del trabajo. Por ejemplo, el Alto Comisionado de las Naciones Unidas para los Refugiados es competente en los documentos de viajes y de identidad, la UNRWA y la UNKRA se interesan principalmente por la rehabilitación material y la reintegración de los refugiados, mientras que el USEP y el ICEM se ocupan de la emigración. Dado que todos estos aspectos están relacionados con los problemas de los refugiados, tal división del trabajo, unida a la falta de coordinación, provoca un gran derroche y la pérdida de valiosos recursos.

Solo hubo una excepción a esta tendencia predominante en el trabajo con refugiados: la Organización Internacional de Refugiados (IRO),[48] una organización especial de las Naciones Unidas que funcionó de 1947 a 1951 y que luego se suspendió por falta de apoyo financiero de Estados Unidos. Era la única organización relacionada con los refugiados que reunía las áreas de protección jurídica, rehabilitación y reasentamiento bajo un mismo techo y, por tanto, se ocupaba del problema de los refugiados en su totalidad. Este concepto integral del IRO era, al menos en parte, la razón del poder de negociación comparativamente grande que tenía la organización con los países de acogida. De este modo, ni su prestigio ni sus recursos se disgregaron en muchas direcciones diferentes. En cinco años, el IRO llevó a cabo con éxito el mayor programa de reasentamiento de refugiados en ultramar jamás concebido. En el proceso, un millón y medio de personas fueron reasentadas en ochenta países diferentes. Aunque el IRO era principalmente un instrumento de política nacional, en ocasiones su personal actuaba por iniciativa propia, lo que le permitió intervenir con éxito en favor de los refugiados en muchos países, incluido Estados Unidos. Sin embargo, el IRO también fue concebido como una organización temporal. Cuando la acción urgente en la inmediata posguerra remitió, el IRO decayó. En ese momento, un mundo emocionalmente agotado por el problema de los refugiados se vio confrontado con un número de personas sin residencia permanente diez veces mayor del que hasta entonces se había ocupado el IRO.

El problema fundamental no es que haya una necesidad urgente de otro IRO. Más bien, es crucial una política de apertura a la inmigración en el plano nacional. La reserva internacional a continuar con el IRO en 1951 no era más que un síntoma de la falta de disposición de los distintos estados nacionales a aceptar refugiados. No se podía esperar que los países implicados apoyasen una organización internacional que quería persuadirlos de que cambiaran su política de inmigración. Difícilmente puede negarse que esas posiciones políticas nacionales parecen ser más importantes que los juegos internacionales.

Hoy vuelve a haber una actitud positiva y abierta hacia los refugiados. El mundo libre ha acogido a decenas de miles de húngaros. Este es, por tanto, el momento psicológicamente oportuno para fundar otra Organización Internacional para los Refugiados bajo los auspicios de las Naciones Unidas, pero esta vez como respuesta permanente a un problema permanente. Ha llegado el momento de que el mundo libre, liderado por Estados Unidos, aúne sus recursos en una acción conjunta para acoger en la comunidad mundial a los 17 millones de personas que carecen de un hogar fijo.

Por otro lado, hay dos argumentos principales que podrían esgrimirse en favor de un enfoque regional del problema de los refugiados, tal y como lo representan la UNRWA y la UNKRA. Por un lado, se afirma con frecuencia que es más fácil obtener financiación para programas específicos que para una organización de refugiados particular. Esto puede ser cierto, pero sería difícil demostrar que los fondos asignados a las organizaciones regionales se utilizaron de forma más eficiente o económica que los concedidos al IRO. Se estima que los esfuerzos baldíos de los miembros del UNRWA por cultivar tierras árabes «muertas y desaprovechadas» han costado a la organización de las Naciones Unidas hasta 100 millones de dólares. En los libros del IRO no se encuentra ningún despilfarro comparable a este. Por otro lado, el argumento de que los programas regionales para refugiados podrían utilizarse como «proyectos piloto» para estudios posteriores no parece muy sólido. El IRO ha estado activo en los cinco continentes y durante su existencia ha acumulado una experiencia que supera con creces la de cualquier organización regional existente en la actualidad.

En resumen, el enfoque unificado y global del IRO para resolver el problema de los refugiados ha demostrado ser más eficaz que los esfuerzos descentralizados de las organizaciones actuales. El hecho es que, en el siglo xx, los derechos humanos se equiparan a los derechos nacionales. Por lo tanto, solo un mundo plenamente «civilizado» podría permitir el desplazamiento de personas procedentes de la civilización.

Esta es la verdadera tragedia del refugiado. Mientras no hayamos comprendido plenamente la naturaleza de la intolerancia humana —la causa de todo desarraigo— y mientras los estados nacionales individuales sigan siendo los principales responsables de esta inhumanidad, nos veremos obligados a bregar con los síntomas resultantes. Estos síntomas se manifiestan de forma muy concreta en la existencia actual de 17 millones de refugiados en todo el mundo que no tienen un Estado que los proteja y, por ende, carecen de derechos humanos.

ANEXO 3
EL PROBLEMA DE LOS REFUGIADOS COMO
FUENTE DE TENSIONES

… La presión de cientos de miles de refugiados acumulados a lo largo de las fronteras de Israel agravó cada vez más los problemas de seguridad del país. La mayoría de los refugiados creían que tenían derecho a regresar a sus hogares en el lado israelí de la frontera. Sin embargo, según las disposiciones de la Ley de Ciudadanía[49] y la Ley de Entrada en Israel,[50] su regreso era ilegal mientras se hallase establecida la soberanía del Gobierno israelí.

El conflicto entre la interpretación de la ley por parte del Gobierno y lo que los árabes consideraban un derecho moral legítimo provocó numerosos incidentes en la frontera debido a la infiltración palestina.

En general, uno de los principios de la política israelí era tomar medidas enérgicas contra la infiltración, pero se mostró cierta indulgencia con los árabes que tenían parientes cercanos en Israel. (Se permitió permanecer en Israel a 20.000-30.000 infiltrados con lazos familiares). Sin embargo, la política declarada era mantener la frontera cerrada a los árabes palestinos que regresaban.

En la Knéset se debatió varias veces sobre las repercusiones de la política gubernamental en los habitantes árabes legítimos de Israel. En julio de 1950, Seif el-Din el-Zoubi, de la Lista Democrática de Nazaret, apoyado por la Mapai,[51] y Moshe Aram, de Mapam,[52] pidieron a la Knéset que debatiera sobre la deportación de 150 infiltrados de la aldea de Abu Gosh.[53] Entre los afectados había niños que ya habían sido admitidos en la escuela y adultos que tenían un permiso de residencia válido. Aram acusó al ejército de llevar a cabo la operación sin miramientos. Separaron a las madres de sus hijos y enviaron a muchos ancianos al otro lado de la frontera. Aram temía que tales acciones avivaran el odio y la esperanza de una guerra de redención.

El primer ministro Ben-Gurión respondió en calidad de ministro de Defensa y amenazó con dimitir si la Knéset cambiaba la actitud del Gobierno hacia los infiltrados y les permitía regresar. Estaba firmemente decidido a no desviarse de la política de expulsión de los inmigrantes ilegales. Una parte de la estrategia del ejército había consistido en enviar a mujeres y niños al otro lado de la frontera para hacer sitio a los hombres que entraban. Ben-Gurión afirmaba que la aldea de Abu Gosh había sido una base de contrabandistas, y que los ancianos de dicha localidad se habían mostrado poco cooperativos a la hora de impedir las actividades ilegales.

En otro debate, Arie Altman, del partido Cherut,[54] calculó que entre el 15 de mayo de 1948 y febrero de 1951, los infiltrados estuvieron implicados en 3.237 casos de robo, hurto y destrucción, que costaron al Estado más de un millón de libras. Durante este periodo no se habían producido más de una docena de ataques similares en otras fronteras internacionales. Altman atribuyó los incidentes a la negligencia del Gobierno y a su política indulgente con los infiltrados.

El primer ministro estuvo de acuerdo en que la situación era muy grave, pero la achacó a los siguientes factores sobre los que el ejército no tenía ningún control: Israel estaba rodeado de enemigos por todos lados, a excepción del Mediterráneo. Hay cientos de miles de refugiados árabes a lo largo de las fronteras de Israel que podrían ser reasentados en los Estados árabes, pero estos se niegan a aceptarlos. Hay muchos judíos y árabes en Israel que apoyan a los infiltrados, unos por razones políticas, otros por razones económicas. «Explotan a los infiltrados y los encubren, los atraen, los protegen y los esconden». Ben-Gurión amenazó con aplicar las medidas más severas tanto contra los judíos como contra los árabes que apoyaran a los infiltrados y con imponer castigos colectivos en los lugares donde estuvieran escondidos.

Parte de la prensa israelí criticó el uso del castigo colectivo. El diario mizrahi *HaTzofe*[55] reconoció el peligro de la infiltración, pero desaconsejó el castigo colectivo ya que su «eficacia es dudosa y siempre deja en mal lugar a Israel [...]». El periódico *Al Ha-Mishmar*,[56] próximo al partido socialista Mapam, recordó que los británicos habían utilizado métodos similares. Sin embargo, Israel podría limitar más eficazmente la influencia de los infiltrados aumentando el número de asentamientos judíos fronterizos. «El espíritu se rebela contra tales actos, por muy sólidos que sean los argumentos a favor de medidas estrictas para contener la infiltración», escribió el liberal *Haaretz*. Comparaba a los árabes que daban cobijo a los infiltrados con las personas que salvaron vidas judías durante la Segunda Guerra Mundial falsificando papeles. El *Haaretz* declaró que la situación de la minoría árabe seguirá siendo difícil mientras no haya paz. En su opinión, la única solución era intercambiar la población judía que vivía en los Estados árabes por la minoría árabe de Israel.

DON PERETZ, *Israel and the Palestine Arabs*,
Washington D. C., 1958, pp. 110-112.

A lo largo de las fronteras de la zona triangular situada en el centro de Palestina, donde se produjeron los incidentes de Qibya[57] y Nahalin,[58] entre otros, vivían miles de árabes que en realidad eran oriundos de Jordania, pero que se vieron aislados de sus campos, granjas y propiedades, y de su única fuente de sustento debido a las fronteras que se habían acordado en el armisticio de Rodas de 1949.[59] Las fronteras se establecieron principalmente por razones estratégicas, sin tener en cuenta sus repercusiones económicas y psicológicas a largo plazo. Por supuesto, esto produjo tensiones entre los aldeanos de las regiones fronterizas, que tenían que ver cada día cómo el «enemigo» recogía los frutos del trabajo de toda su vida a solo unos metros de distancia.

La violencia de los incidentes aumentó con una rapidez y una fuerza asombrosas. Algunos infiltrados capturados por las autoridades israelíes fueron expulsados. Cuando regresaron, fueron tratados más duramente y en muchos casos asesinados, lo que a su vez provocó venganzas sangrientas. Muchas de las matanzas a lo largo de la frontera fueron el resultado de estas venganzas, con la consecuencia de una cadena de represalias que culminó en incidentes como los de Qibya.

La solución básica al problema de la infiltración y los incidentes fronterizos era el reasentamiento de los refugiados árabes que permanecían a lo largo de las fronteras. A medida que Israel presionaba para el reasentamiento, los Estados árabes lo rechazaban de manera automática. Funcionarios de las Naciones Unidas y del Departamento de Estado estadounidense sugirieron a menudo que una concesión simbólica de Israel sobre una posible repatriación podría conseguir que los árabes aceptaran algún tipo de plan de reasentamiento.

Pero esta forma de argumentar condujo a un círculo vicioso. La razón principal de que los judíos se opusieran a la repatriación eran las preocupaciones por su seguridad. Estas preocupaciones se debían en parte a la frecuencia de las infiltraciones y los incidentes fronterizos, así como a la resistencia árabe a una solución negociada. Todas las acciones y actitudes árabes estaban influidas por la situación sin resolver de los refugiados a lo largo de las fronteras de Israel, pues solo podía resolverse reasentando a esos mismos refugiados en el mundo árabe. Pero los planes de reasentamiento no podrían llevarse a cabo sin alguna concesión por parte de Israel, preferiblemente aceptando el principio de repatriación y el retorno de un número simbólico de refugiados. Sin embargo, Israel no consideraría ninguna forma de retorno mientras continuasen los incidentes fronterizos y la guerra [...].

DON PERETZ, *Israel and the Palestine Arabs*,
Washington D.C., 1958, p. 242 y s.

ANEXO 4
LAS REIVINDICACIONES HISTÓRICAS

Los documentos contenidos en este anexo presentan las posiciones de los árabes y los israelíes respecto a las reivindicaciones históricas sobre Palestina y las garantías dadas a ambas partes por los estadistas a lo largo del tiempo. Este material se presenta en forma de debate entre el doctor Fayez A. Sayegh,[60] que, como jefe de la Oficina de la Delegación de los Estados árabes en Nueva York, es el principal portavoz de las naciones árabes en Estados Unidos, y Yekutiel Hugh Orgel,[61] agregado de prensa de la embajada de Israel en Washington. Cada participante redactó una declaración general y una réplica. Este detallado debate apareció por primera vez en el número de noviembre de 1957 de la revista The Progressive.[62]

DECLARACIÓN DE FAYEZ A. SAYEGH

De todos los problemas a los que se enfrenta actualmente Oriente Próximo, el conflicto árabe-israelí sigue siendo el mayor y más preocupante. Sigue atrayendo la atención y los recursos de los pueblos de la región a las tareas constructivas, como la aplicación de reformas y medidas de desarrollo, hacia las necesidades causadas por el propio conflicto. El conflicto incesante no solo pone en peligro la paz en Oriente Próximo, sino que a veces parece amenazar la paz en todo el mundo. Y más que ningún otro factor, sigue ejerciendo una tensión innecesaria en las relaciones entre los pueblos árabes y el mundo occidental, y contribuye a que perdure la tendencia al neutralismo en Oriente Próximo.

El conflicto árabe-israelí no solo es el mayor problema que afecta a la situación de Oriente Próximo en la actualidad, sino que también se distingue de todos los demás problemas de la región en que es muy diferente de las disputas internacionales a las que están acostumbrados Oriente Próximo y las naciones del mundo en general. Es un conflicto que implica agravios y temores que no se dan en el marco de las disputas internacionales ordinarias.

El núcleo del problema, que ensombrece y subyace a cada una de sus formas de manifestarse, es el cambio del estatus de Palestina.

Hasta el final de la Primera Guerra Mundial, Palestina era una parte indistinguible del mundo árabe circundante. Era —y lo había sido durante cientos de años— árabe hasta la médula. Más del 90 por ciento de la población era árabe. En aquella época había en Palestina menos de 60.000 judíos, que poseían menos del tres por ciento de la tierra, 650.000 de 26.320.000 dunams.[63] En cuanto a su lengua y dialecto, su cultura y costumbres, sus aspiraciones y esperanzas, la inmensa mayoría de la población de Palestina no era diferente de los pueblos de los países árabes vecinos.

Pero tres décadas más tarde, la situación había cambiado hasta resultar irreconocible. En Palestina se fundó el estado de Israel. Durante su creación, el estado de Israel desplazó a un millón de árabes de Palestina y los expulsó por la fuerza de sus hogares. Desde entonces, son refugiados a los que Israel impide regresar a su patria ancestral. Fueron sustituidos por cientos de miles de extranjeros, judíos procedentes de setenta países diferentes a los que se convenció para que se trasladaran a Israel. La propiedad privada y pública de los árabes palestinos fue confiscada inmediatamente —sin compensación alguna— y entregada a los recién llegados. Los árabes que permanecieron en los territorios ocupados por Israel, una ínfima fracción de la población árabe original, se convirtieron de la noche a la mañana en una minoría perseguida y sin voz.

Tal es la raíz del conflicto árabe-israelí, el verdadero núcleo del problema palestino: la desposesión de todo un pueblo y el cambio radical del estatus de todo un país.

Este cambio no se hizo con el consentimiento de los habitantes legítimos del país. Tampoco se hizo de modo pacífico mediante la compra de tierras y la evacuación voluntaria de la población. Desde el final de la Primera Guerra Mundial, cuando comenzó el problema, hasta 1948, cuando Israel confiscó las propiedades de los árabes expulsados, los judíos sionistas habían adquirido menos del 4 por ciento de las tierras palestinas: solo 938.365 de los 26.320.000 dunams que componían la superficie total de Palestina. El cambio radical del estatus de Palestina fue el resultado del esfuerzo vigoroso y decidido de un movimiento mundial, la Internacional Sionista, que manipuló la voluntad de los gobiernos, explotó los sentimientos humanitarios de los pueblos y utilizó diversos medios legales e ilegales para ocupar Tierra Santa.

El proceso de ocupación de Palestina por el sionismo atravesó en lo esencial dos fases:

Primera fase: invasión paulatina

Con el comienzo de la ocupación británica, se puso en marcha un movimiento organizado de inmigración sionista a Palestina.

Sobre la base de una promesa del Gobierno británico en tiempos de guerra (una de las tres promesas contradictorias e irreconciliables hechas por ese Gobierno durante la guerra y sin el consentimiento ni el conocimiento de los habitantes de Palestina), los comités sionistas organizaron un «programa de inmigración y asentamiento» para la vanguardia del Estado sionista. Aunque solo adquirieron una ínfima fracción de la tierra —menos del cuatro por ciento—, consiguieron llevar a Palestina alrededor de medio millón de inmigrantes. Al principio, el Gobierno británico aplicó una «política de puertas abiertas» y autorizó la entrada en el país a todos los inmigrantes que lo solicitaron. Sin embargo, a medida que la inmigración crecía en escala, y los temores y la resistencia de los árabes eran cada vez más claros y vehementes, Gran Bretaña intentó frenar el flujo de inmigración sionista. Hacia el final del Mandato británico, entraron en Palestina más inmigrantes de forma ilegal que legal.

La comunidad sionista de Palestina, en rápida expansión, se aisló dentro del país, boicoteó a la comunidad árabe circundante y se transformó en lo que el Gobierno británico denominó «un estado dentro de otro estado». Este tenía su propio sistema escolar y educativo, su propia estructura política central y local, y sus propias organizaciones militares y paramilitares clandestinas.

A principios de la década de 1940, los sionistas estaban tan firmemente anclados y establecidos en Palestina que se animaron a exigir su propio Estado en el país. Contra la resistencia de Gran Bretaña y el rechazo de los árabes, los sionistas protagonizaron una sublevación entre 1945 y 1946.

A la vista de la sublevación sionista y de la continua hostilidad árabe, en abril de 1947 Gran Bretaña decidió trasladar el problema palestino a las aún jóvenes Naciones Unidas.

Segunda fase: invasión militar

Las Naciones Unidas decidieron tomar el camino supuestamente más fácil e intentaron contentar a todo el mundo. La Asamblea General de las Naciones Unidas adoptó un plan para dividir Palestina en un estado árabe, un estado de Israel y una zona internacional alrededor de Jerusalén. Contenía las siguientes disposiciones adicionales: a los habitantes árabes del territorio adjudicado a Israel se les permitiría seguir viviendo en sus hogares y disfrutar de sus derechos y libertades fundamentales; los estados propuestos debían estar vinculados por una unión económica y las nuevas entidades políticas debían establecerse dos meses después de la retirada de las fuerzas británicas de Palestina, que debía completarse el 15 de mayo de 1948.

Este plan se consideraba una solución indivisible y definitiva al problema palestino.

En las dos primeras votaciones, el plan no obtuvo la mayoría necesaria de dos tercios de los miembros con derecho a voto; sin embargo, fue aceptado en la tercera votación.

Los árabes de Palestina lo consideraron una violación arrogante e injusta de su derecho inalienable a la autodeterminación.

Los Estados árabes, ellos mismos también miembros de las Naciones Unidas, declararon que la Asamblea General se

extralimitaba en las competencias y poderes legales que tenía
según la Carta si decidía establecer un estado para un pueblo
en la tierra de otro, y votaron en contra.

Aunque los sionistas fingieron aceptar la decisión, se que-
jaron con vehemencia de que el plan estaba muy lejos de sus
deseos.

En la propia Palestina, el anuncio de la decisión de las Naciones Unidas solo sirvió para agravar aún más una situación
ya explosiva. El derramamiento de sangre y el conflicto que
habían marcado la vida en Palestina durante tres décadas
volvieron a recrudecerse y adquirieron mayor virulencia.

Mientras estos acontecimientos movieron a las Naciones
Unidas a replantearse sus anteriores ilusiones sobre una solución pacífica y volver a ocuparse del problema palestino
bajo el liderazgo de Estados Unidos, la comunidad sionista
de Palestina decidió tomar cartas en el asunto y presentar a
las Naciones Unidas unos hechos consumados.

En marzo y abril de 1948, mientras las tropas británicas
seguían en Palestina, las fuerzas sionistas lanzaron una agresiva campaña contra ciudades y comunidades árabes, ocu-
pándolas y expulsando a sus habitantes. En abril, perpetraron
numerosas masacres contra los habitantes árabes de varios
municipios como Deir Yasin, Saffuriya, Ein al-Zeitun y
otros, que finalmente provocaron un éxodo masivo de cientos de miles de árabes.

Algunas de las ciudades atacadas y ocupadas por las fuerzas
sionistas en esa época —como Jaffa y Acre— estaban situadas
en la parte de Palestina prevista por las Naciones Unidas para
el estado árabe y otras en el territorio asignado a Israel.

Mientras tanto, los árabes de Palestina pidieron ayuda y
protección a los gobiernos de los Estados árabes vecinos. Sin
embargo, los gobiernos árabes no intervinieron mientras el

Gobierno británico fuese responsable de la seguridad interna de Palestina. Solo enviaron sus ejércitos a Palestina para proteger las vidas y las propiedades de sus compatriotas árabes cuando las fuerzas británicas completaron su retirada, dejando al país sin una autoridad reconocida que fuese responsable o capaz de garantizar la seguridad interna. Eso sucedió a mediados de mayo de 1948.

Ese mismo día, la comunidad sionista anunció la fundación del Estado de Israel, dos meses antes de lo establecido en el plan de las Naciones Unidas.

En ese momento, la guerra que los sionistas palestinos habían estado librando contra las ciudades y comunidades de los árabes palestinos entró en una nueva fase. Las fuerzas armadas sionistas, reforzadas por «voluntarios» de cincuenta y cinco países diferentes, luchaban ahora bajo la bandera del nuevo estado contra las tropas enviadas a Palestina por los gobiernos árabes vecinos.

En una semana, el Consejo de Seguridad de las Naciones Unidas ordenó un alto el fuego. Una semana más tarde hubo otro mandato. Los combates duraban ya tres semanas cuando entró en vigor el alto el fuego. Cuando los combates se reanudaron tras la expiración del alto el fuego, el Consejo de Seguridad ordenó un alto el fuego indefinido. Este permaneció en vigor hasta mediados de 1949, cuando Israel y los Estados árabes firmaron acuerdos para que cesaran los combates. Pero en la segunda mitad de 1948 los acuerdos se rompieron varias veces, solo para ser restablecidos en cada ocasión por una nueva orden del Consejo de Seguridad después de que Israel ya se hubiera anexionado nuevos territorios, lo cual constituía una violación de los diez decretos de alto el fuego, según los cuales ninguna parte podía obtener ventajas militares o políticas mientras durase el alto el fuego.

Los acuerdos de alto el fuego pusieron fin a las hostilidades reales y establecieron líneas de demarcación provisionales entre los ejércitos enfrentados. Sin embargo, ni contribuyeron a aclarar las cuestiones políticas ni pretendieron hacerlo. La elaboración de dicha solución política se dejó en manos de las partes en conflicto con la asistencia de la Comisión de Conciliación de la ONU para Palestina creada a tal efecto.

Bajo los auspicios de la Comisión, se celebraron conversaciones en abril y mayo de 1949 que desembocaron en un acuerdo que firmaron los Estados árabes e Israel el 12 de mayo de 1949. En este acuerdo, conocido como el Protocolo de Lausana, los Estados árabes e Israel declararon que estaban de acuerdo con las fronteras establecidas en la resolución de la ONU del 19 de noviembre de 1947, la internacionalización de Jerusalén y el retorno de los refugiados árabes a sus hogares.

Los progresos realizados con este acuerdo allanaron el camino para la admisión de Israel en las Naciones Unidas. Sin embargo, inmediatamente después de su admisión en la organización mundial, Israel rechazó los términos del Protocolo de Lausana e insistió en que la solución final al problema debía basarse en el *statu quo* y no en las resoluciones de las Naciones Unidas, posición en la que persiste. De ahí el estancamiento político en Palestina desde mediados de 1949.

A mediados de 1949, Israel difería significativamente de la imagen de Israel que las Naciones Unidas tenían cuando propusieron la creación de este estado:

1. Su superficie excedía en más de un 40 por ciento la superficie de la parte de Palestina asignada a Israel por las Naciones Unidas.

2. La parte destinada al estado árabe se vio tan recortada y mutilada que solo quedaron dos zonas aisladas bajo dominio árabe. Esto impidió el nacimiento de un estado árabe en los restos de Palestina, pues las zonas que se hallaban fuera del alcance de Israel no eran ni contiguas ni apropiadas para la supervivencia.

3. Jerusalén, que iba a ser internacionalizada y administrada directamente por las Naciones Unidas en el marco de un fideicomiso, fue «israelizada» con obstinación, ocupada por las fuerzas israelíes y declarada capital del estado.

4. Los antiguos habitantes árabes de los territorios ocupados por Israel que fueron expulsados por la fuerza de sus hogares, y a los que se les negó el retorno, son ahora refugiados sin hogar.

5. Los árabes que permanecieron bajo jurisdicción israelí fueron sometidos a diversas formas de discriminación, persecución y humillación, y fueron degradados a «ciudadanos de segunda clase».

Así pues Israel, tal y como existe hoy en día, está en radical discordancia con su propia «acta de nacimiento» en todos los aspectos y con cada elemento fundamental de la condición de estado —fronteras y territorio, capital, población y política hacia las minorías—, y no se parece en absoluto a la idea de Israel concebida y deseada por las Naciones Unidas. De hecho, Israel infringe constantemente la resolución de la ONU aprobada como plan de partición que le dio existencia en un principio y ahora vemos cuál ha sido el resultado.

Las Naciones Unidas no han aceptado ni tolerado estas infracciones. Al contrario, han exigido repetidamente a Israel que respete su Carta original.

Por esta razón, en su primera sesión tras la expulsión de los refugiados árabes en diciembre de 1948, la Asamblea

General exigió a Israel que permitiera el regreso de estos refugiados «lo antes posible» y que indemnizara a los refugiados que decidieran no regresar a su patria por las propiedades que dejaron allí. Ha reafirmado esta exigencia en cada periodo de sesiones desde 1948 a través de nueve resoluciones sucesivas, desde el 8 de diciembre de 1949 hasta el 28 de febrero de 1957.

Del mismo modo, la continua ocupación y administración de Jerusalén por parte de Israel infringe no solo el Plan de Partición de la ONU, sino también otras cuatro resoluciones de las Naciones Unidas, a saber, las resoluciones de la Asamblea General del 11 de diciembre de 1948[64] y 9 de diciembre de 1949,[65] la resolución del Consejo de Seguridad del 19 de agosto de 1948[66] y la resolución del Consejo de Administración Fiduciaria del 20 de diciembre de 1949.[67]

La expansión de Israel más allá de las fronteras establecidas en el Plan de Partición de la ONU fue declarada ilegal por el Consejo de Seguridad en las diez órdenes de alto el fuego emitidas por el Consejo (del 22 y 29 de mayo, 7 y 15 de julio, 19 de agosto, 19 de octubre, 4 y 16 de noviembre, 29 de diciembre de 1948 y 11 de agosto de 1949) tanto antes como después de su aplicación. Y la continua expansión de Israel después del armisticio mediante la toma, remilitarización y administración de las zonas desmilitarizadas fue reconvenida tres veces por las Comisiones Mixtas del Armisticio (el 20 de marzo de 1950, el 2 de octubre de 1953 y el 12 de diciembre de 1954) y una vez por el Consejo de Seguridad (el 18 de mayo de 1951).

Durante los últimos nueve años, Israel no solo ha violado todos los aspectos de la resolución de la ONU que creó su estado y docenas de resoluciones confirmatorias o complementarias, sino que además se ha comportado como un estado agresor llevando a cabo operaciones militares a través de las líneas de demarcación en los territorios de los Estados árabes fronterizos. Las Comisiones Mixtas del Armisticio han condenado a Israel al menos en veintiuna ocasiones por este tipo de ataques militares organizados, mientras que el Consejo de Seguridad ha condenado a Israel en cuatro ocasiones y la Asamblea General ha aprobado seis resoluciones que exigían la retirada incondicional de las fuerzas israelíes de Egipto y de las zonas controladas por Egipto tras la reciente agresión israelí. Ni un solo estado árabe ha sido condenado en ningún momento por las Comisiones Mixtas del Armisticio, el Consejo de Seguridad o la Asamblea General por cruzar las líneas de demarcación por parte de sus fuerzas armadas regulares.

En cuanto a los tan difundidos actos de infiltración e incursiones a través de las líneas de demarcación, que Israel cita a menudo como pretexto para sus supuestas medidas de represalia, baste decir que, según las últimas estadísticas de la ONU (publicadas el 18 de octubre de 1956), Israel tuvo que lamentar 121 víctimas a manos de infiltrados árabes entre el 1 de enero de 1955 y el 30 de septiembre de 1956, mientras que 496 árabes en zonas árabes fueron víctimas de infiltrados israelíes durante este periodo.

Ya hemos señalado que, cuando las Naciones Unidas llamaron al alto el fuego temporal en Palestina para lograr una tregua militar estable, pidieron a los Estados árabes y a Israel que deliberasen para establecer las bases de una solución política duradera junto con la Comisión de Conciliación de la ONU para Palestina. Estas conversaciones, que tuvieron lugar en abril y mayo de 1949, desembocaron en el Protocolo de Lausana, firmado por ambas partes y la Comisión de Conciliación el 12 de mayo.

En este protocolo, todas las partes acordaron voluntariamente que las resoluciones aprobadas por la Asamblea

General —sobre la fijación de las fronteras estatales, la internacionalización de Jerusalén y la repatriación de los refugiados— debían constituir la base para la solución definitiva del problema palestino.

Pero, desde entonces, Israel ha considerado nulos los tres principios asociados a las resoluciones de la ONU. Aunque Israel habla una y otra vez de paz y pide «negociaciones directas», insiste constantemente en que ninguna de estas tres cuestiones debe ser objeto de negociaciones y declara de antemano que no aceptará aplicar las resoluciones correspondientes. El primer ministro israelí proclamó solemnemente: «Estas resoluciones ya no están vivas y no resucitarán». En otra ocasión, declaró ante el parlamento que «todas las resoluciones de la ONU sobre Palestina […] son nulas y sin valor», y añadió: «No pueden retornar».

Los Estados árabes, por su parte, se han adherido de manera oficial a la política anunciada en Lausana. Sus portavoces han reafirmado repetidamente esta política tanto dentro como fuera de las Naciones Unidas. Los representantes de nueve Estados árabes respaldaron y aprobaron con unanimidad el comunicado emitido en la Conferencia de Bandung, el 24 de abril de 1955, por los veintinueve estados asiático-africanos participantes, en el que se pedía «la aplicación de las resoluciones de la ONU sobre Palestina y la solución pacífica del problema palestino».

Mientras tanto, las Naciones Unidas no solo han reafirmado las resoluciones que han aprobado en cada ocasión, sino que también han rechazado cualquier propuesta para resolver el problema palestino eludiendo o ignorando las resoluciones existentes.

Tanto por sus decretos como por sus rechazos, las Naciones Unidas han confirmado definitivamente la tesis árabe de que la solución al problema palestino solo puede encontrarse

en el marco de la competencia acumulativa de la organización mundial para Palestina y sobre la base de las resoluciones aprobadas en la última década, empezando por la resolución que dio origen a Israel.

DECLARACIÓN DE YEKUTIEL HUGH ORGEL

Israel se prepara para celebrar el décimo aniversario de su
fundación la próxima primavera. El joven estado, fundado en
la antigua patria del pueblo judío, puede mirar atrás con me-
recido orgullo por los logros alcanzados en su primera década. En los últimos nueve años, la población ha crecido en
torno a un millón de habitantes hasta alcanzar los dos millones, incluidos más de 200.000 árabes cristianos y musulmanes.
En el alrededor de un millón de recién llegados se cuentan
unos 400.000 refugiados judíos que tuvieron que huir de países musulmanes, así como cientos de miles de refugiados
procedentes de países europeos.

Desde 1949 han nacido casi 500 nuevas aldeas agrícolas y
se ha duplicado la superficie cultivada, al tiempo que se ha
cuadruplicado la superficie de tierras agrícolas irrigadas, gran
parte de las cuales se consideraban anteriormente desérticas.
Como resultado de este fuerte aumento, combinado con los
modernos métodos agrícolas, Israel es ahora capaz de satisfacer la mayor parte de sus propias necesidades alimentarias,
y con la introducción de cultivos industriales ha proporcio-
nado materias primas para nuevas industrias.

Pero, aun siendo tan impresionante la lista de los avances
económicos y científicos de Israel, al país le falta sobre todo una
cosa: una paz justa con sus vecinos, por la que Israel lucha desde
su fundación y que los Estados árabes siempre han rechazado.

El entonces secretario general de las Naciones Unidas, Trygve Lie, caracterizó la fundación del Estado de Israel en 1948 como «uno de los acontecimientos más impactantes de la historia, que marcó el final no solo de 30, sino de 2.000 años de aflicción, amargura y conflicto». Pocos meses después de la firma de los acuerdos de alto el fuego entre Israel y sus cuatro estados vecinos, Trygve Lie presentó su informe a la Asamblea General de las Naciones Unidas. En aquel momento, se supuso que los acuerdos de alto el fuego pronto serían sustituidos por tratados de paz formales. Por desgracia, los Estados miembros de la Liga Árabe siguen interpretando hoy estos acuerdos como una forma de guerra, que se caracteriza por bloqueos ilegales, boicots, estados de guerra, incursiones fronterizas, operaciones de comandos, negativa a participar en programas de desarrollo regional y no reconocimiento de los demás miembros de las Naciones Unidas. Sin embargo, la historia demuestra que los Estados árabes han rechazado toda iniciativa o gesto pacífico, ya sea por parte de Israel o de otros.

Israel nació después de que la Asamblea General de las Naciones Unidas votara con una abrumadora mayoría a favor de su creación en noviembre de 1947, pero los lazos históricos, religiosos y nacionales de los judíos con la tierra de Israel se remontan a tiempos prehistóricos y nunca se han roto a lo largo de la historia documentada. Nunca ha habido una época en la que no hayan vivido judíos en Israel. El reconocimiento de estos hechos y del derecho de los judíos a un hogar nacional en Palestina ha encontrado expresión una y otra vez a lo largo de la historia.

La Declaración Balfour, en la que el Gobierno británico prometió a los judíos que vivían en Palestina el establecimiento de un hogar nacional en 1917, contó con la aprobación sin reservas de muchos jefes de Gobierno, incluido el presidente estadounidense Woodrow Wilson. Cinco años después, esta promesa, que se refería a Palestina incluyendo ambos lados del río Jordán, se recogió en el Mandato para Palestina aprobado por la Sociedad de Naciones el 24 de julio de 1922. Al poco tiempo de concederse el Mandato, tuvo lugar la primera partición de Palestina, en la que se separaron cuatro quintas partes de su territorio para fundar un Estado árabe llamado Transjordania. Esto formaba parte de un plan para compensar a Hussein,[68] bisabuelo del actual rey de Jordania,[69] que había sido expulsado de su tierra natal por el rey Ibn Saud.[70]

Tras meses de consultas e investigaciones, las Naciones Unidas decidieron por abrumadora mayoría en 1947 dividir Palestina por segunda vez con el objetivo de establecer estados judíos y árabes independientes que estarían vinculados por una unión económica. También se decidió que la zona alrededor de Jerusalén se convirtiera en un sector internacional.

El establecimiento de esta pequeña entidad soberana era lo menos que se podía hacer por los judíos, mientras que en una zona en la que hace cuarenta años no vivía ni un solo árabe con independencia política, existen ahora once soberanías árabes independientes que cubren un vasto territorio inmensamente rico en materiales y recursos naturales.

El plan de partición propuesto en 1947 no satisfacía las demandas legítimas de los judíos, y su adopción final representó un compromiso significativo por parte de los judíos en aras de la transición y la cooperación pacíficas. Sin embargo, los representantes de la Liga Árabe en las Naciones Unidas se levantaron para anunciar su rechazo oficial a la resolución propuesta.

Los Estados árabes no se limitaron a un rechazo verbal de la resolución adoptada. Enseguida tomaron las armas e intentaron impedir por la fuerza el establecimiento del Estado judío y socavar todos y cada uno de los componentes de la resolución de la ONU.

En un informe enviado desde Jerusalén el 30 de noviembre, al día siguiente de la aprobación de la resolución, el *New York Times* informaba: «En una violenta reacción árabe a la resolución de la ONU sobre Palestina, siete judíos fueron asesinados hoy en Palestina por árabes en una emboscada […]. "Los árabes emprenderán una guerra santa si intentan sacar adelante un plan de partición", declaró esta tarde en una entrevista el doctor Hussein Khalidi, presidente en funciones del Alto Comité Árabe. "La partición", dijo el doctor Khalidi, "conducirá a una cruzada contra los judíos"». Trygve Lie escribió lo siguiente sobre este periodo en sus memorias: «Desde la primera semana de diciembre de 1947, los disturbios habían aumentado en Palestina. Los árabes habían afirmado de forma reiterada que se opondrían a la partición recurriendo a la fuerza. Parecían del todo decididos a dejar este punto inequívocamente claro atacando a la comunidad judía de Palestina». Al final de esa primera semana, *el New York Times* informaba de que 105 judíos habían muerto y muchos más habían resultado heridos por los ataques árabes en todo el país.

La Comisión Palestina creada por las Naciones Unidas puso de relieve el papel que desempeñaron los gobiernos árabes en esta revuelta contra las Naciones Unidas en su primer informe al Consejo de Seguridad el 16 de febrero de 1948, incluso antes de la retirada final de las fuerzas británicas: «Poderosos intereses árabes, tanto dentro como fuera de Palestina, se oponen a la resolución de la Asamblea General, y hay un intento deliberado de modificar por la fuerza el acuerdo en ella previsto».

El 14 de mayo de 1948 finalizó el Mandato Británico sobre Palestina e Israel declaró su independencia. Ese mismo día, los ejércitos oficiales de cinco Estados árabes marcharon hacia Palestina. En una conferencia de prensa en El Cairo, el entonces secretario general de la Liga Árabe, Azzam Pasha, anunció con toda franqueza su objetivo: «Esta será una guerra de aniquilación y una masacre de graves consecuencias y de la que se hablará como de las masacres mongolas y las Cruzadas». Jamal al-Husayni, representante del Alto Comité Árabe, comunicó al Consejo de Seguridad que los árabes «nunca han ocultado el hecho de que nosotros [los árabes] iniciamos los combates».

El 15 de julio de 1948, dos meses después de la invasión oficial árabe de Palestina, el Consejo de Seguridad determinó que la situación creada por la invasión constituía «una amenaza para la paz según el artículo 39 de la Carta». Fue la primera vez que las Naciones Unidas invocaron el artículo 39 de la Carta,[71] y condenaron las acciones de los Estados miembros individuales por constituir un «quebrantamiento de la paz». El representante de Estados Unidos en las Naciones Unidas calificó las acciones árabes de «agresión internacional».

Los dirigentes árabes dieron instrucciones a los árabes de Palestina para que se retiraran «de forma temporal» a los países vecinos con el fin de dejar vía libre a su guerrilla local y a los ejércitos invasores para la anunciada «masacre». Refiriéndose a la devastación y al fracaso de su ataque, el secretario general del Alto Comité Árabe, Emil Ghouri, declaró retrospectivamente el 6 de septiembre de 1948: «El hecho de que existan estos refugiados es la consecuencia directa de la acción de los Estados árabes contra la partición de Palestina y el estado judío. Los Estados árabes han acordado por unanimidad esta estrategia y deben participar en la solución del problema».

Otros dirigentes árabes, así como los más elocuentes entre los propios refugiados, han responsabilizado abiertamente a los gobiernos de la Liga Árabe del éxodo de refugiados.

Edward Atiyah, jefe de la oficina de propaganda de la Liga Árabe en Londres hasta 1949, escribió en su libro *The Arabs*: «Este éxodo masivo se debió en parte a la creencia de los árabes —reforzada por las jactancias de una prensa árabe poco realista y las declaraciones irresponsables de algunos dirigentes árabes— de que solo sería cuestión de unas semanas que los judíos fueran derrotados por los ejércitos de los Estados árabes y los árabes palestinos estuvieran en condiciones de regresar a su tierra para recuperarla [...]».

Casi 200.000 árabes, de ellos 160.000 que no hicieron caso a los llamamientos de sus líderes para que abandonaran el país, viven ahora en Israel como ciudadanos de pleno derecho, mientras que en todos los territorios que estuvieron bajo ocupación árabe no ha sobrevivido ni un solo judío y a ninguno se le permite la entrada.

Después de que los cuatro Estados árabes fronterizos con Israel —Egipto, Jordania (que dejó de llamarse Transjordania tras anexionarse la mayor parte del territorio concebido como «Estado árabe independiente»),[72] Siria y Líbano— fueran derrotados en su empeño de acabar con el Estado de Israel nada más nacer, con el resultado de 10.000 muertos, finalmente se les persuadió para que firmaran acuerdos de alto el fuego con el país que habían intentado destruir sin éxito. Estos acuerdos tenían el objetivo de «promover el restablecimiento de una paz duradera en Palestina». Sin embargo, resultó que los dirigentes árabes solo vieron en ello una oportunidad para continuar su guerra contra Israel por otros medios.

Durante los nueve años de armisticio, el territorio del Estado israelí y su población, tanto judía como árabe, quedaron expuestos a constantes intrusiones, infiltraciones, actos de sabotaje y asesinatos. El número de 1.335 muertos y heridos que sufrió Israel como consecuencia de estas intrusiones hostiles demuestra que sus fronteras fueron violadas de forma constante y con una frecuencia e intensidad crecientes hasta el despliegue israelí en la península del Sinaí. El número de víctimas se vio agravado por la voladura de innumerables oleoductos, la destrucción de instalaciones hidrológicas, las bombas en trenes y autobuses y la destrucción de propiedades y granjas. A todas estas agresiones se añadió desde 1955 la más omnipresente y destructiva de todas en forma de bandas de asesinos fedayines. Solo en 1956, 155 israelíes murieron o resultaron heridos como consecuencia de las actividades de los fedayines.

No fue hasta 1953 cuando Israel adoptó su primera medida defensiva, después de que los llamamientos, las peticiones y las recomendaciones de las Naciones Unidas y las condenas de las acciones árabes no hubieran sido escuchados. Para entonces se habían registrado 7.896 casos de infiltración, sabotaje y asesinato por parte árabe, e Israel había contado 639 víctimas.

Desde la firma de los acuerdos de armisticio en 1949 y hasta la intervención israelí en el Sinaí para destruir las bases de los fedayines y levantar el bloqueo ilegal del golfo de Aqaba, se produjeron 11.873 casos de sabotaje y saqueo árabe, que contrastaron con doce acciones de defensa israelíes contra bases militares y comisarías de policía que servían de trampolín a las bandas asesinas árabes. Estos ataques se cobraron 1.335 víctimas israelíes frente a 621 árabes.

En los dos años anteriores a la campaña del Sinaí, Egipto y más tarde Siria se abastecieron con un enorme arsenal de armas ofensivas que habían recibido de la Unión Soviética.

La guerra árabe en tierra se extendió al mar. Poco después de
la firma de los acuerdos de armisticio que prohibían tales
acciones hostiles, el Gobierno egipcio instituyó procedimientos
de inspección, registro e incautación, comenzó a confiscar
barcos y cargamentos que viajaban por el canal de Suez hacia
o desde puertos israelíes y estableció emplazamientos de ar-
tillería en la entrada del golfo de Aqaba para impedir que los
barcos entraran en Eilat, el puerto más meridional de Israel.
Se impusieron normas restrictivas y medidas punitivas a los
barcos y pabellones de otras quince naciones, incluido Estados Unidos, con total desprecio de la Convención de
Constantinopla de 1888,[73] el Acuerdo General de Armisticio firmado por Egipto y la Resolución del Consejo de
Seguridad del 1 de septiembre de 1951, que ordenaba a Egipto «levantar sus restricciones […] y cesar toda intervención
en esa navegación».

Las tensiones en Oriente Próximo no se mantienen únicamente por la afluencia de armas ofensivas, las incursiones
fronterizas y los bloqueos ilegales. En una estratagema cal-
culada —tanto para desviar la atención de sus propias pobla-
ciones empobrecidas, atrasadas y oprimidas de sus propios
problemas internos como para ganar apoyo a su propia pretensión de liderazgo en el «mundo árabe»— los dirigentes de
los Estados árabes rivales y la prensa y los medios de radio-
difusión que controlan han emprendido una incesante guerra verbal contra Israel. «No tiene sentido hablar de paz con
Israel. No hay el menor espacio para las negociaciones entre
los árabes e Israel», declaró el coronel Nasser a un corresponsal del *New York Post* el 14 de octubre de 1955.[74]

El jefe del Estado Mayor jordano, que en aquella época
participaba en la lucha contra las actividades subversivas
egipcias en Jordania, declaró el 5 de julio de 1957: «En cuan-

to haya una estabilidad completa y duradera entre los árabes y nuestras fuerzas puedan prepararse, tendremos Jaffa y Haifa en el bolsillo. Debemos prepararnos para el día en que recuperemos nuestra tierra. No hay lugar para los judíos ni para los sionistas del mundo en nuestra patria robada». El primer ministro sirio rechazó todos los intentos de lograr la paz por parte de Israel o de otros países. Radio Damasco lo llamó el 15 de julio de 1957 y dijo estas palabras: «Como hemos subrayado muchas veces, los países árabes no están ni estarán dispuestos a sentarse en la misma mesa con Israel. Israel no tiene cabida en Oriente Próximo. Los árabes continuarán sus luchas y se emplearán a fondo por la liberación de las partes usurpadas de la Palestina árabe».

Dividida en todas las demás cuestiones, la Liga Árabe solo está unida en su hostilidad emocional hacia un chivo expiatorio: Israel.

Esta es, pues, la desafortunada historia de Oriente Próximo durante la última década —diez años en los que Israel ha apelado repetidamente a los líderes árabes para trabajar conjuntamente con representantes israelíes para reducir las tensiones en Oriente Próximo y fomentar el desarrollo pacífico de toda la región—. El primer ministro David Ben-Gurión dijo el pasado mes de junio en una conferencia de prensa con corresponsales extranjeros en Jerusalén: «Nuestra política a largo plazo con los árabes es muy simple: paz y cooperación con nuestros vecinos en términos políticos, económicos y culturales. Ese seguirá siendo nuestro principio».

El 11 de diciembre de 1957, la ministra israelí de Asuntos Exteriores, Golda Meir, declaró en un discurso ante el National Press Club de Washington: «Israel no envidia a sus vecinos árabes su libertad y los grandes territorios que han heredado como estados soberanos. Hoy estamos dispuestos, como siempre lo hemos estado, a negociar una paz justa y honorable [...]. Si los dirigentes árabes temen realmente a Israel, ¿qué mejor protección podría haber para ellos que un acuerdo de paz libremente negociado o incluso —una alternativa que ya hemos propuesto— un pacto de no agresión garantizado por las Naciones Unidas?».

El hecho de que los gobernantes árabes ignoren con indiferente frialdad una perspectiva pacífica y de futuro para la región de Oriente Próximo queda demostrado por su actitud hacia los refugiados árabes, a los que —como han admitido los propios dirigentes árabes— están utilizando como peones políticos para conseguir sus propios objetivos. En el diario de Beirut *L'Orient* escribía en abril de 1957: «La responsabilidad de los gobiernos árabes es muy grande. Durante ocho años, estos gobiernos han aplicado una política abstracta e inhumana hacia los refugiados. Con el pretexto de despertar el anhelo de los refugiados por su hogar en Palestina, y para mantener su presencia en las fronteras de Israel como un telón de fondo amenazador, estos gobiernos han rechazado de forma sistemática todos los intentos de organizar y proporcionar una ocupación a los refugiados».

El 19 de julio de 1957, la emisora de radio oficial de El Cairo *Voice of the Arabs* declaró: «El hecho de que Israel intente resolver el problema de los refugiados demuestra que tiene interés en resolver este problema, y para los árabes este solo hecho es suficiente para descartar tal intento».

En los últimos ocho años, la comunidad internacional se ha ido percatando de que la solución al problema de los refugiados árabes —al igual que la solución para los cerca de quince millones de otros refugiados en todo el mundo desde la Segunda Guerra Mundial— debe encontrarse a través de programas de rehabilitación y proyectos de desarrollo a gran

escala que permitan a los refugiados ser miembros independientes de países de acogida donde se encuentren con los suyos.

En febrero de 1957, el Comisionado General del Organismo de Obras Públicas y Ayudas de las Naciones Unidas
para los Refugiados de Palestina en Oriente Próximo declaró
en su último informe a la Asamblea General: «Los funcionarios gubernamentales de los países receptores rechazan, con
pocas excepciones, los proyectos de reasentamiento a gran
escala [...]. Los dos grandes proyectos que se vienen estu-
diando desde hace algún tiempo se consideran teóricamente
factibles, pero se están retrasando, como ustedes saben, debido a factores políticos y de otro tipo que escapan a nuestro
control». También fueron «factores políticos» los que lleva-
ron a los Estados árabes a rechazar el plan del embajador
Eric Johnston para el uso compartido del agua del Jordán.

Israel ha hecho más que cualquiera de los gobiernos árabes
para aliviar la difícil situación de los refugiados. Además de
rehabilitar y reintegrar a 400.000 judíos que se vieron obligados
a abandonar países árabes, y que en la mayoría de los casos se
vieron privados de sus propiedades sin compensación alguna,
Israel ya ha admitido a 33.000 refugiados árabes en el marco de
un plan para reunir a familias separadas y ha reintegrado económicamente a otros 50.000 árabes desplazados durante el ataque de
la Liga Árabe de 1948 para que ya no dependan de la ayuda
de Naciones Unidas. El Gobierno israelí mantiene su oferta de
pagar indemnizaciones por las propiedades árabes abandonadas
sin esperar a un acuerdo de paz. Pero, aun en este contexto, se
niegan a aceptar conversaciones sobre el pago de indemnizaciones alegando que ello significaría «reconocer» el derecho de
Israel a existir. No obstante, el Gobierno israelí ya ha liberado casi
todo el dinero que los refugiados árabes tenían en bancos israelíes
y les ha pagado un total de siete millones de dólares en divisas.

La continuación de la campaña de odio de los dirigentes árabes contra Israel solo retrasará el desarrollo económico y social de una de las regiones más atrasadas del mundo. Los conflictos y desacuerdos en Oriente Próximo solo sirven a los propósitos de quienes albergan intenciones subversivas en este nudo de comunicación mundial rico en petróleo. Respaldar la ilusión de la Liga Árabe de destruir Israel apoyando el boicot árabe y armando a los Estados árabes solo contribuye a perpetuar la crisis.

En su discurso ante la Asamblea General de las Naciones Unidas del 1 de marzo de 1957, la ministra israelí de Asuntos Exteriores, Golda Meir, comprometió al Gobierno y al pueblo de Israel a trabajar juntos por la paz en Oriente Próximo. Dirigiéndose a los Estados árabes, dijo: «¿Podemos abrir un nuevo capítulo a partir de ahora y, en lugar de luchar unos contra otros, actuar juntos contra la pobreza, la enfermedad y el analfabetismo? ¿Podemos, nos es posible, dirigir todos nuestros esfuerzos, toda nuestra energía hacia un único objetivo, que sería el de la mejora, el progreso y el desarrollo de todos nuestros países y pueblos? [...] La disposición de Israel a contribuir es ilimitada, por lo que todos juntos podríamos ver el día en que nuestros pueblos sean felices, lo que a su vez será una gran contribución de esta región a la paz y la felicidad de toda la humanidad».

RÉPLICA DE YEKUTIEL H. ORGEL

Estoy por entero de acuerdo con uno de los puntos expuestos por el doctor Sayegh, y es el de que el conflicto árabe-israelí «sigue apartando la atención y los recursos de los pueblos de la región de las tareas constructivas, como la aplicación de reformas y medidas de desarrollo». Sin embargo, es lamentable que el portavoz de la Liga Árabe no manifestara en ningún momento la voluntad de sus miembros, ni los prooccidentales ni los antioccidentales, de trabajar en «tareas constructivas». En su lugar, hizo un repaso histórico basado en una falsa exposición de los hechos. Por razones de espacio, solo abordaré algunas de las medias verdades, citas fuera de contexto y tergiversaciones más flagrantes.

HISTORIA: Durante todo el periodo de la historia registrada, Palestina no fue gobernada ni una sola vez por los árabes de Palestina. En los 400 años anteriores a la Primera Guerra Mundial estuvo gobernada por los turcos como parte del Imperio otomano. El dominio de los califatos árabes desde el año 637 d. C. hasta el 1071 d. C. fue un dominio extranjero musulmán que duró 432 años, mientras que el dominio judío sobre Palestina se extendió durante un periodo de unos 2.000 años.

La simpatía y el apoyo mundiales que suscitó el retorno de los judíos a Israel no comenzaron con la Declaración Balfour. Hace siglo y medio, el segundo presidente de Estados Unidos, John Adams, dijo lo siguiente: «Deseo con toda franqueza que los judíos de Judea vuelvan a ser una nación independiente con un gobierno independiente».

REFUGIADOS: En un editorial publicado el 1 de noviembre de 1952 sobre los orígenes del problema de los refugiados árabes, el *Newark News* (Nueva Jersey) escribió: «En este debate sobre quién o qué causó la huida de los árabes de Palestina, este periódico recuerda los informes de su corresponsal W. G. Hetherington, a quien se encargó informar sobre la guerra árabe-israelí de 1948. En aquella época, Hetherington informó de que había oído a las autoridades judías hacer un llamamiento a los árabes palestinos para que no abandonaran sus hogares, mientras que las emisoras de radio árabes de El Cairo, Damasco y Beirut les pedían que huyeran».

PROPIEDAD DE LA TIERRA: El doctor Sayegh se refiere a la tierra propiedad de los judíos durante el Mandato Británico, especulando de forma manifiesta con que el lector cree que el 90 por ciento había pertenecido a los árabes. Pero, de hecho, más del 70 por ciento de lo que hoy es Israel no era propiedad ni de judíos ni de árabes, sino del gobierno del Mandato. Esta tierra sigue siendo propiedad del Gobierno israelí, sucesor del Gobierno del Mandato Británico.

ÁRABES ISRAELÍES: Los ocho miembros árabes de la Knéset israelí (el parlamento del Estado de Israel), que se dirigen a los diputados en su propia lengua con la ayuda de la traducción simultánea, no pueden calificarse en absoluto de «minoría sin voz». En cuanto a los «perseguidos» o «ciudadanos de segunda clase», el profesor Rushbrook Williams, de la Universidad de Oxford, escribió en su libro *The State of Israel*, publicado este año: «La mayoría judía parece decidida a dar a todas las minorías del país el tipo de trato que había deseado para sí misma (y que tantas veces se le negó) en todas las épocas y países en los que tuvo que soportar las pruebas de existencia bajo el gobierno de una mayoría distinta de la suya [...] Hay demandas persistentes y activas de lo que solo puede describirse como un trato especial para los árabes».

LA GUERRA ÁRABE-ISRAELÍ DE 1948: El doctor Sayegh menciona varias veces de pasada que los disturbios «volvieron a estallar», que «una semana después» las Naciones Unidas tuvieron que ordenar otro alto el fuego y que a continuación «se reanudaron los combates». Las órdenes del Consejo de Seguridad se repitieron solo porque Israel aceptó las llamadas y las órdenes, pero los dirigentes árabes no las cumplieron. Después de que estos aceptaran finalmente

un alto el fuego de un mes, se negaron a prorrogarlo y reanudaron las hostilidades. La Resolución S/902 del Consejo de
Seguridad del 15 de julio de 1948, citada por el doctor Sayegh, dice: «Considerando que el Gobierno Provisional de Israel ha anunciado su acuerdo con una prórroga del alto el
fuego en Palestina; que los Estados miembros de la Liga
Árabe han rechazado los repetidos llamamientos del mediador de las Naciones Unidas y las exigencias formuladas por
el Consejo de Seguridad en su resolución de 7 de julio de
1948 para una prórroga del alto el fuego en Palestina [...]».

RESOLUCIONES DE LA ONU: Espero sinceramente que
algunos de sus lectores se tomen la molestia de comprobar
las numerosas fuentes citadas por el doctor Sayegh. Com-
probarán que los textos completos dibujan un panorama
muy diferente del que quería transmitir el portavoz de la
Liga Árabe. Por ejemplo, los que se ocupan de los «refugiados» toman nota de la resolución original que habla de los
refugiados «deseosos de vivir en paz con sus vecinos», pero
siguen insistiendo, a la luz de los acontecimientos, en «la reintegración de los refugiados en la vida económica de Oriente Próximo», o «piden a los gobiernos y autoridades implicados que lleguen a un acuerdo negociado», o «apoyan [...] el
programa de asistencia y rehabilitación de los refugiados
palestinos recomendado por la UNRWA».

A mi parecer, la insistencia del doctor Sayegh en la internacionalización de Jerusalén no sería bien recibida en Jordania,
uno de los Estados miembros de la Liga Árabe a los que él representa. Jordania, que ha invadido y conquistado la Ciudad
Antigua, donde se encuentran todos menos cuatro de los cuarenta lugares santos, se niega rotundamente a considerar la internacionalización. («El Gobierno jordano ha mantenido esta
resistencia a la internacionalización de Jerusalén desde 1947»,

Al-Hayat, Beirut, 20 de marzo de 1957). En las resoluciones de la ONU sobre el tema se encargó al Consejo de Administración Fiduciaria que informara sobre el asunto. Cuando se presentó el informe, este sostenía que la internacionalización de Jerusalén era impracticable. Israel, según el informe, había mostrado un espíritu constructivo al ofrecer una alternativa estable.

CONDENAS Y PÉRDIDAS: La invasión original por parte de las fuerzas armadas regulares de los Estados árabes fue considerada por las Naciones Unidas como una «amenaza para la paz». Desde entonces, los dirigentes árabes han utilizado fuerzas irregulares —incluidas las bandas de asesinos fedayines— para continuar su guerra contra Israel. Las cifras de todo el periodo transcurrido desde que se firmaron los acuerdos de alto el fuego pintan un cuadro muy diferente del que el doctor Sayegh intentó presentar para el periodo limitado de 21 meses que eligió. En contraste con los 621 árabes muertos, Israel ha tenido que lamentar 1.335 muertes desde 1949. Un examen del informe citado por el doctor Sayegh muestra además que la gran mayoría de las «víctimas árabes» eran soldados y policías muertos en combates israelíes contra las bases de entrenamiento y organización de los saqueadores, o gánsteres asesinos de las filas de los fedayines muertos en operaciones dentro de Israel. Sin embargo, la mayoría de las víctimas israelíes eran civiles, entre ellos mujeres y niños.

PROTOCOLO DE LAUSANA: Ante la negativa de los árabes a negociar directamente con Israel, la Comisión de Conciliación de la ONU para Palestina redactó documentos separados que debían firmar ambas partes. Estos «Protocolos de Lausana» debían entenderse como una base para el inicio de conversaciones por separado y no como un fin en sí mismos. Fue la propia Comisión la que se retiró de los acuerdos debido a la intransigencia de los Estados árabes.

Los dirigentes árabes admiten en secreto que la insistencia de los propagandistas árabes en una «vuelta a la partición de 1947» no era más que una estratagema propagandística. El diario cairota *Al Misri* citó el 11 de abril de 1954 unas palabras del doctor Mohamed Salah Ed-Din, antiguo ministro de Asuntos Exteriores egipcio: «No es correcto ni honorable que los estadistas árabes sigan escondiéndose tras la posición diplomática de que no pueden contemplar la paz con Israel hasta que no apliquen las resoluciones de la ONU. La verdad es que de ningún modo estaremos satisfechos con la aplicación de las resoluciones de la ONU. Estas resoluciones pueden proporcionar a los estadistas árabes los medios para salir hábilmente del asunto en las Naciones Unidas o en entrevistas de prensa, pero los pueblos árabes no temen manifestar que no se conformarán con nada que no sea la erradicación de Israel del mapa de Oriente Próximo». En un artículo publicado el 19 de febrero de 1956, el diario jordano *Falastin* escribió:[75] «Cualquier árabe que pida la aplicación del plan de partición de la ONU de 1947 se equivoca [...] y cualquier estadounidense o británico que crea que un cambio de fronteras satisfaría a las dos partes en conflicto es un idiota».

Estoy seguro de que ningún lector de la revista *The Progressive* y ningún lector estadounidense inteligente caerá en las «trampas» tendidas por los propagandistas de la Liga Árabe «para zafarse hábilmente del asunto».

RÉPLICA DE FAYEZ A. SAYEGH EN NOMBRE DE LOS ÁRABES

El señor Orgel presenta los principales acontecimientos que han tenido lugar en Palestina durante la última década

—a saber, la *expulsión* de los árabes y su *sustitución* por inmigrantes judíos— como un éxodo voluntario de árabes, por un lado, y el reasentamiento en Israel de «refugiados judíos» que «tuvieron que huir» de sus países, por otro. Sostengo que tal descripción es errónea en ambos aspectos.

La tragedia de los refugiados árabes no puede explicarse cínicamente, ni su difícil situación puede dejarse de lado con tanta indiferencia mediante una mera distorsión de las causas que provocaron su éxodo de Palestina. Pero esto es exactamente lo que el señor Orgel intenta hacer, incluso a costa de falsificar pruebas.

Para ilustrarlo: el «testimonio» citado por el señor Orgel del libro de Edward Atiyah *The Arabs* se completa al instante en la fuente original con la siguiente frase, que el señor Orgel omite porque le conviene: «Pero este (el éxodo masivo de los árabes; nota del traductor alemán) se debió también —y esto en una parte importante del país— en gran medida a una política de terror intencionado y de expulsión llevada a cabo por los comandantes judíos en los territorios que ocupaban y que culminó con la brutal masacre de Deir Yasin». El lector que encuentre las dos frases *inmediatamente seguidas* en la página 183 del libro es libre de especular sobre por qué el señor Orgel eligió concluir la cita donde lo hizo.

La «brutalidad», las «masacres» y el «terrorismo intencionado» a que se refiere Edward Atiyah en el texto íntegro y sin censura de su declaración completa son bien conocidos. Ni siquiera sus autores han osado ocultarlos. Por ejemplo, nadie está mejor cualificado para hablar de la masacre de Deir Yasin que el hombre que la perpetró: Menájem Beguín. Su informe del asalto a aquella aldea con la aprobación del comandante regional de la Haganá y la repercusión que tuvo en el éxodo árabe pueden encontrarse en las páginas 162-165 de su libro *The Revolt*. Otros autores sionistas —que parecen no compartir los escrúpulos del señor Orgel a la hora de presentar hechos pertinentes, aunque desfavorables— han hecho reveladoras confesiones sobre las masacres y el saqueo y pillaje a gran escala de aldeas árabes, todo ello parte del programa de «terrorismo intencionado» que condujo al éxodo de los refugiados árabes. (Véase, por ejemplo, *Seven Fallen Pillars*, de Jon Kimche, especialmente las páginas 217-218.) Pero la masacre de Deir Yasin no fue un caso aislado. El conde Folke Bernadotte, mediador de la ONU para Palestina que fue asesinado en Israel, también habló de la «destrucción de aldeas sin necesidad militar evidente» como un factor que contribuyó al éxodo de los habitantes de esas aldeas.

Además de su tesis de que los refugiados árabes no eran en realidad «refugiados», sino exiliados voluntarios, por así decirlo, el señor Orgel defiende la tesis complementaria de que los inmigrantes que han llegado a Israel desde 1948 eran predominantemente «refugiados». Aquí ignora el hecho bien conocido de que el movimiento sionista mundial y el Estado de Israel han *llamado* y *animado* constantemente a la inmigración masiva de judíos a Israel, además de *iniciarla*, *organizarla* y *financiarla* —judíos procedentes de todos los países, incluidos aquellos en los que los judíos gozan de libertad e igualdad— en aplicación del objetivo primordial del sionismo y de una política fundamentalmente nacionalista para Israel.

Cuando el señor Orgel escribió su artículo, el señor Ben-Gurión era ampliamente citado en la prensa mundial por su declaración: «Parece haber un acuerdo general en que un judío puede vivir en América, hablar y leer en inglés, educar a sus hijos en la cultura americana y seguir llamándose sionista. Si eso es sionismo, entonces no quiero tener nada que ver con él» (*Time*, 26 de agosto de 1957). Era la continuación de una declaración que había hecho seis años antes: «Un sionista debe venir a Israel como inmigrante. Los sionistas de hoy no han aprobado su examen».

Las razones de este deseo de atraer a Israel el mayor número posible de inmigrantes tampoco son ningún secreto. El primer ministro israelí lo explica abiertamente: «La supervivencia y la paz de Israel están garantizadas por una sola cosa: la inmigración masiva. Para garantizar esta seguridad, Israel necesita aumentar su población en al menos 2.000.000 de judíos en los próximos años» (*New York Times*, 25 de agosto de 1957).

Si esto sucede, ¿llamará también el señor Orgel «refugiados» a estos nuevos inmigrantes?

«La inmigración ilimitada» no es solo un principio de la fe y el programa sionistas, sino también un principio básico de la política nacionalista del Estado de Israel, consagrado en su «Declaración de Independencia» y en la «Ley del Retorno».[76] La promulgación y aplicación de esta política es independiente de que los judíos sean o no perseguidos fuera de Israel, y no está relacionada con la necesidad o falta de un «lugar de refugio» para los judíos.

Por muy eficaz que resulte revestir esta política nacionalista de términos humanitarios con el fin de recaudar fondos, los dirigentes sionistas e israelíes responsables siempre la han expresado primero en el marco de la ideología sionista de autorrealización nacional y en el contexto político-militar de los intereses nacionales y la seguridad de Israel. No es casual que el término oficial de esta política en el léxico sionista sea la frase *nacionalista* de «la reunión de los exiliados».

Un examen de la política de «inmigración ilimitada» solo puede ser apropiado si aborda otro concepto que es un elemento igualmente esencial de la ideología sionista y de los objetivos a largo plazo de Israel, a saber, *la política de expansión territorial* de Israel.

La política expansionista no es el deseo de un puñado de extremistas y terroristas. Es más bien el firme propósito del régimen israelí en su conjunto —aunque solo lo revela y articula de forma sutil— y goza de un amplio y creciente apoyo entre la mayoría de la población judía. En las recientes elecciones, los partidos que hicieron campaña con una agenda abiertamente expansionista casi duplicaron su poder parlamentario, ganando 38 de los 120 escaños de la Knéset. Ben-Gurión ha escrito varias veces en los *Anuarios del gobierno* que el estado ocupa actualmente solo una fracción de su patria nacional. El Gobierno israelí ha anunciado oficialmente que «el establecimiento del nuevo estado no renunciará en modo alguno a la extensión del Eretz Israel histórico» (*Anuario gubernamental del año 1955*, p. 320).

Los temores de los árabes a la expansión de Israel, alimentados tanto por esas declaraciones como por la constatación árabe de que la posición inicial sionista se ha expandido tanto cualitativa como cuantitativamente desde la llegada de los primeros sionistas a Palestina, se han acentuado y agudizado por la aplicación continuada y acelerada de la política de «inmigración ilimitada», que tiene el potencial de crear una presión demográfica que solo puede reducirse mediante la expansión territorial.

Estos temores concretos no pueden disiparse con invitaciones tan ingenuas a «hablar de paz y soñar con la prosperidad futura» como las que adornan los discursos de los dirigentes israelíes en los círculos internacionales, sobre todo teniendo en cuenta que Israel sigue rechazando sin concesiones las bases de una solución pacífica, definidas por las Naciones Unidas en numerosas ocasiones, y que la posición israelí permanece prácticamente inalterada: tenemos la intención de mantener todo lo que hemos tomado; lo único que pedimos a los árabes es que reconozcan los *hechos consumados* y que acepten y aprueben el *statu quo*, confiando en nuestra promesa de que no habrá más *hechos consumados* en el futuro.

ANEXO 5
ALCANCE NUMÉRICO DEL PROBLEMA
DE LOS REFUGIADOS

Aunque el número de personas que son refugiados en sentido estricto se ha determinado con mayor o menor exactitud, la cuestión de cuántos de estos refugiados proceden realmente de la parte de Palestina que ahora es Israel sigue siendo controvertida. Tanto los observadores neutrales como las partes con un interés particular en la controversia han realizado diversas estimaciones.

Reproducimos aquí dos evaluaciones de la situación. La primera es un extracto de la obra de F. Theodore Witkamp *The Refugee Problem in the Middle East*, publicada en el informe del Grupo de Investigación sobre Problemas Migratorios Europeos de enero-marzo de 1957; la otra está tomada de un estudio de un investigador privado.

La comisión no está ni de acuerdo ni en desacuerdo con las estimaciones que contienen estas evaluaciones, aquí reproducidas únicamente para el juicio individual del lector. Las cifras oficiales se presentan en las tres tablas de la UNRWA contenidas en las páginas 84-85.[77]

1

[...] Determinar el número de personas con derecho a asistencia pronto resultó ser una tarea extremadamente difícil. Incluso hoy en día, la mayoría de los datos siguen basándose en estimaciones que, por lo general, utilizan como punto de partida
el número de raciones de ayuda distribuidas. Las organizaciones que se hicieron cargo de la distribución bajo los auspicios
del Organismo de Ayudas de las Naciones Unidas para los
Refugiados de Palestina (UNRPR)[78] tuvieron que afrontar
más de un millón de solicitudes de raciones de ayuda en la
primavera de 1949. Tras una investigación posterior del Comisionado General del UNRPR, esta cifra pronto se corrigió
a 940.000. Sin embargo, estudios más recientes indican que
el número de raciones de ayuda distribuidas es menor.

Tabla 1: Número de refugiados y de raciones de ayuda distribuidas[a]

	Junio de 1950		Junio de 1951	
	Refugiados	Raciones	Refugiados	Raciones
Gaza	198.227	188.227	199.789	197.233
Jordania	506.200	503.423	465.741	444.403
Líbano	127.600	129.041	106.896	106.068
Siria	82.194	82.824	82.861	80.499
Israel	45.800	45.800	24.380	23.434
Total	**960.021**	**949.315**	**879.667**	**851.637**

[a] El número de raciones alimentarias se corrigió al equivalente de raciones
completas, ya que algunos refugiados registrados no reciben raciones secas y
otros (algunos aldeanos de la zona fronteriza) reciben medias raciones. Antes
de la octava sesión de la Asamblea General, los niños menores de siete años
y algunos beduinos también recibían medias raciones en lugar de raciones
enteras.

	Junio de 1952		Junio de 1953	
	Refugiados	*Raciones*	*Refugiados*	*Raciones*
Gaza	204.356	198.427	208.560	199.465
Jordania	469.576	438.775	475.620	431.012
Líbano	104.901	99.903	102.095	97.324
Siria	84.224	80.674	85.473	79.819
Israel	19.616	17.176	b	b
Total	**882.673**	**834.955**	**871.748**	**807.620**

	Junio de 1954		Junio de 1955	
	Refugiados	*Raciones*	*Refugiados*	*Raciones*
Gaza	212.600	207.037	214.601	208.674
Jordania	486.631	443.464	499.606	441.371
Líbano	101.636	100.056	103.600	101.272
Siria	86.191	83.233	88.179	84.611
Israel	b	b	b	b
Total	**887.058**	**833.790**	**905.986**	**835.928**

	Junio de 1956		Junio de 1957	
	Refugiados	*Raciones*	*Refugiados*	*Raciones*
Gaza	216.971	213.056	221.058	214.463
Jordania	512.706	437.855	517.388	433.511
Líbano	102.625	101.056	102.586	101.352
Siria	89.977	85.810	92.524	87.451
Israel	b	b	b	b
Total	**922.279**	**837.777**	**933.556**	**836.777**

[b] Ya no en el dominio de competencias de la UNRWA.

Tabla 2: Distribución de los refugiados por edad y país en que habitan
(a 30 de junio de 1957)

País	0-1 años	1-15 años	15 años y mayores	Número de familias
Gaza	5.162	98.626	117.270	40.507
Jordania	5.418	219.640	292.330	99.939
Líbano	1.103	43.023	58.460	23.688
Siria	4.279	36.944	51.301	21.863
Total	**15.962**	**398.233**	**519.361**	**185.997**

Tabla 3: Número de refugiados alojados en campos por países

País	Junio de 1950	Junio de 1951	Junio de 1952
Gaza	95.000	102.586	90.670
Jordania	110.655	115.867	134.588
Líbano	28.799	34.363	36.881
Siria	33.144	23.478	18.989
Total	**267.598**	**276.294**	**281.128**
Parte porcentual del número de refugiados presentado en la Tabla 1	29,3 %	32,3 %	32,6 %

Junio de 1953	Junio de 1954	Junio de 1955	Junio de 1956	Junio de 1957
81.367	96.500	124.107	129.741	123.770
145.962	153.967	153.250	167.364	171.579
37.236	37.333	38.670	42.494	45.143
17.698	17.830	19.725	19.082	20.106
282.263	**305.630**	**335.752**	**358.681**	**360.598**
32,4 %	34,4 %	37,1 %	38,9 %	38,6%

El UNRPR propuso la siguiente definición de refugiado con derecho a asistencia: «[…] una persona que resida habitualmente en Palestina, que haya perdido su alojamiento y sus medios de subsistencia como consecuencia de las hostilidades y que se encuentre en estado de necesidad». La UNRWA ha enmendado esta definición de la siguiente manera: «Un refugiado con derecho a asistencia es una persona que ha residido habitualmente en Palestina durante al menos dos años antes del estallido del conflicto en 1948 y que ha perdido tanto su lugar de residencia como sus medios de subsistencia a consecuencia del conflicto».[79]

Rara vez ha sido posible hacer plena justicia a estas definiciones. Las personas que vivían en la frontera, por ejemplo, que quizá tenían allí sus hogares, pero que fueron separadas de sus tierras, tienen que ser reconocidas. También había numerosos beduinos cuyo lugar de residencia no podía establecerse de forma unívoca, pero que estaban muy necesitados. Asimismo había refugiados que al principio tenían algo de dinero, pero que más tarde quedaron faltos de medios y tuvieron que ser acogidos de nuevo.

En 1950, el Comisionado General de la UNRWA cifró el número de refugiados en 960.021, basándose en gran medida en las cifras de su predecesor en el UNRPR (véase la Tabla 1).

La United Nations Economic Survey Mission for the Middle East llegó a un resultado completamente diferente en su informe del 28 de diciembre de 1949. El informe se refiere a las cifras de población de Palestina antes de la partición y llega a la conclusión de que no puede haber más de 726.000 refugiados, 99.000 de los cuales, según datos de la Comisión, no están faltos de medios de vida.[80]

Refugiados que han huido de Israel y necesitan asistencia	627.000
Más los casos de las zonas fronterizas	25.000
Refugiados que necesitan asistencia	652.000
Más los refugiados que tienen una ocupación y no necesitan asistencia	99.000
Número total de refugiados	751.000
Menos los refugiados que se presume no reciben raciones	19.000
Refugiados que reciben raciones en países árabes	732.000
Más los no refugiados en los países árabes que reciben raciones	160.000
Número total de raciones en los países árabes	892.000
Más los refugiados árabes y judíos en Israel	48.000
Número total de raciones de ayuda distribuidas por el UNRPR	940.000
Más los beneficiarios de raciones que superan las raciones distribuidas por el UNRPR	79.000
	1.019.000

Si se resta el número de refugiados no necesitados y se suman los habitantes de las zonas fronterizas, se obtiene una cifra que con toda probabilidad es correcta. Sin embargo, no se trata en absoluto de un dato exacto, ya que las cifras de la época en que gobernaba el Mandato son, como es sabido, poco fiables. Oscar Gass, por ejemplo, se refiere a las estimaciones judías, que considera más fiables.[81]

Naturalmente, no se puede suponer que las cifras de la población árabe sean más que una aproximación. Llevar un registro de inscripciones en Palestina siempre ha resultado muy difícil. Incluso la elaboración de un censo estuvo sujeta a todo tipo de problemas, ya que los funcionarios encargados de realizarlo a menudo no podían llegar a las aldeas remotas y tenían que confiar en la información proporcionada por el mujtar. (Un mujtar es el jefe de una unidad familiar o *hamonleh* y, como

tal, miembro del consejo de la aldea. A menudo se le enco-
miendan tareas administrativas, como el mantenimiento de
la ley y el orden, asuntos educativos y el empadronamiento
de los habitantes). Para este dignatario, era una ventaja contar con un número elevado de habitantes, ya que su remune-
ración se basaba en tal número. Además, no era posible seguir la pista de las continuas migraciones por toda la larga e
incontrolada frontera de Palestina antes de su partición, sobre todo porque un árabe palestino no puede distinguirse en
modo alguno de un árabe de un estado vecino.

Pero estas no son las únicas razones de las grandes discre-
pancias en las estadísticas de los refugiados. Según los informes de la UNRWA, muchos miles de árabes residentes en los
países donde los refugiados encontraron refugio se pusieron
por su cuenta en las listas de racionamientos. Las insuficien-
tes y variables definiciones de refugiado por parte de las organizaciones de ayuda originales contribuyeron a que esto
fuera posible[82] (véase también la tabla anterior de la United
Nations Economic Survey Mission for the Middle East).
Pero, en la práctica, es muy difícil, a veces casi imposible, distinguir a un árabe necesitado de otro. Y desde un punto de
vista humanitario, los que resultan no ser refugiados no me-
recen menos ayuda que los que realmente lo son. Sin embargo, hay que distinguir claramente entre ambas categorías.
Otra causa decisiva de las cifras incorrectas o desviadas se
encuentra en el registro de nacimientos y defunciones. La
UNRWA lleva años negociando un sistema de registro adecuado con los representantes de los refugiados y los gobiernos
participantes, pero «[...] mientras que todos los nacimientos
se comunican con diligencia, las defunciones se mantienen
en secreto siempre que es posible para que la familia pueda
seguir recibiendo raciones de ayuda para los fallecidos».[83]

También hay muchos casos en los que las familias no declaran estar en condiciones de mantenerse a sí mismas y que sus ingresos son demasiado altos para tener derecho a recibir ayudas. «Es difícil, y en algunos casos imposible, desarrollar un sistema suficiente para garantizar que todos aquellos que no tienen derecho a recibir raciones u otro tipo de ayuda de la organización sean eliminados de la lista».[84]

Cada informe anual posterior demuestra una vez más que ni los gobiernos implicados ni los propios refugiados son conscientes de que tales prácticas solo perjudican a los propios refugiados debido a los limitados recursos financieros de la UNRWA. Hasta ahora, no ha sido posible convencer a los receptores de la ayuda de que el único objetivo de la UNRWA es utilizar los fondos disponibles lo mejor y más honestamente posible. Por ejemplo, debido a la falta de fondos, algunos hijos de refugiados verdaderos no pueden recibir raciones porque, estrictamente hablando, no son refugiados palestinos. «Sin embargo, para conceder ayudas a estos niños es necesario (a) eliminar del registro a las personas que no reúnen los requisitos, o (b) aumentar el presupuesto presentado por la organización (1954/55), o (c) a ser posible una combinación de ambas cosas».[85]

Los intentos de separar a las personas que reúnen los requisitos del resto suelen toparse con resistencias. Por ejemplo, cuando se realizó un censo ordenado en Jordania, estallaron disturbios y los censistas fueron amenazados y/o sobornados. El Gobierno jordano propuso entonces la creación de un comité mixto de apelación, que consiguió detener las actividades.[86]

La UNRWA se queja repetidamente de la falta de cooperación de los gobiernos árabes en la tarea de eliminar de las listas de racionamiento a quienes tienen ingresos suficientes para mantenerse. A instancias de estos gobiernos, el requisito de ingresos mínimos se ha fijado tan alto que resulta casi imposible eliminar a nadie de la lista de racionamiento. «De hecho, hay numerosos casos en los que empleados públicos a tiempo completo se incluyen en las listas de racionamiento debido a su posición en la escala de ingresos».[87]

Por último, está el fenómeno de la institucionalización de la «condición de refugiado». Incluso cuando se crean oportunidades adecuadas que permiten a los refugiados dejar atrás su estatus, la gente se muestra reacia a aprovecharlas y entregar sus cartillas de racionamiento de la UNRWA. En los últimos ocho años, estas cartillas fueron lo único que dio a sus titulares una sensación de seguridad. Con ellas, «pasar hambre» era prácticamente imposible; se podía enviar a los niños a la escuela, se recibía asistencia médica gratuita y también se estaba exento de impuestos. De hecho, «la cartilla de racionamiento se ha convertido en una parte tan importante de la vida y la economía de los refugiados, que no es infrecuente que se utilice como un activo tangible con el que pedir prestadas importantes sumas de dinero».[88]

Conclusiones: los censos bien organizados son imprescindibles. No es posible decretar medidas de ayuda sobre la base de un conocimiento insuficiente del número de personas a las que deben aplicarse dichas medidas. Las oficinas de estadística propuestas —tal y como recomiendan los informes del Banco Internacional de Reconstrucción y Desarrollo (IBRD)—[89] deben incluir este punto en su programa de censo de la población autóctona.[90] En la búsqueda de una solución, no es necesario tener en cuenta a todos los «refugiados» atendidos por la UNRWA. Muchos de ellos nunca fueron habitantes de Palestina, por lo que no se les aplican las recomendaciones de las diversas resoluciones aprobadas por la Asamblea General de las Naciones Unidas.

Fuente: Witkamp, F. Theodore, *The Refugee Problem in the Middle East*, Informe del Grupo de Investigación de los Problemas de Migración Europeos (Research Group for European Migration Problems, REMP), vol. 5, n.º 1, La Haya, enero-marzo de 1957.

2

Hace algún tiempo, examiné en detalle la parte estadística del problema de los refugiados y llegué a algunas conclusiones interesantes. Calculé mis cifras sobre la base del último censo (31 de diciembre de 1944), que realizó el Gobierno británico y presentó al Comité de Investigación Angloamericano (AACI).[91]

Para obtener las cifras correctas, he analizado el recorrido de la frontera tras la fundación de Israel, de modo que ahora dispongo de una lista completa de las ciudades y pueblos que ahora pertenecen a Israel, así como del número de habitantes árabes que vivían en ellos. Las cifras calculadas se muestran en la tabla anterior. La división de las cifras entre zonas rurales y urbanas tiene una razón obvia: algunas ciudades están en Israel, mientras que algunos de sus distritos (o partes de ellos) están en zonas árabes, y viceversa. En cuanto a las zonas *rurales*, el problema resultó ser mucho mayor, ya que algunas partes de estas zonas se encontraban en un sector o en otro, pero he aproximado las cifras todo lo posible; solo puede haber diferencias del orden de 5.000 en un lado o en otro. En todos los casos ambiguos, he elegido la cifra más alta, basada en el número de árabes que vivían en el territorio de la actual Palestina israelí en 1944 (31 de diciembre).

La población árabe total de la actual Palestina israelí

	Distritos rurales	Ciudades
Jaffa	36.950	50.880
Ramla	61.750	11.900
Haifa	48.270	35.940
Nazaret	21.850	5.500
Bet She'an	11.190	4.730
Tiberias	17.910	4.540
Akkon	37.400	9.890
Safed	35.400	9.100
Gaza	26.100 (78.350)	
Jerusalén	21.250 (63.550)	16.020 (30.630)
Tulkarm	20.000 (60.140)	
Deshenin	17.000 (51.880)	
Be'er Sheva		5.360
Tel Aviv		130
Petach Tikwa		140
Shefar'am		1.380
Afula		10
Lod		14.910
	355.070	**170.430**

Rurales	355.070
Urbanos	170.430
	525.500

Según las estadísticas más fiables al respecto, el aumento anual de la población árabe en todo el territorio del Mandato de Palestina fue de unos 35.000 habitantes. Sobre esta base, un periodo de tres años y medio supondría un aumento de la población árabe palestina de Israel de menos de 70.000 personas. Esto eleva la cifra total a 580.000.

Total	580.000
Permanecieron en Israel	150.000
Volvieron a Israel	35.000
Total neto de refugiados	**395.000**

Estas son las cifras reales de los refugiados árabes que han abandonado lo que hoy es la Palestina israelí. La cifra redondeada de 400.000 es una estimación muy conservadora y generosa. A este respecto, estoy en total desacuerdo con todas las estadísticas, informes, declaraciones de las Naciones Unidas o de las autoridades encargadas de los refugiados, etc., ya que se basan en censos realizados en campos de refugiados que ahora se encuentran en diversos países árabes […]».[92]

ANEXO 6

NOTAS SOBRE LOS PROGRAMAS
DE DESARROLLO EN ORIENTE PRÓXIMO
Joachim O. Ronall

Petróleo en abundancia, del que solo se consume una fracción en la región, agua insuficiente para producir una cantidad suficiente de alimentos, pobreza entre los agricultores y los nómadas, junto con un analfabetismo generalizado y enfermedades endémicas. Estos son los puntos de partida para el desarrollo económico en Oriente Próximo. Esta constelación constituye un desafío a la razón política y económica, y plantea cuestiones morales y éticas fundamentales.

Desde el final de la Segunda Guerra Mundial hay que apuntar algunas mejoras en la producción de alimentos y en los niveles de salud debidas a los proyectos de irrigación y drenaje, los abonos químicos, el uso de pesticidas y las medidas sanitarias y educativas. El informe final de la United Nations Economic Survey Mission for the Middle East, publicado en 1949, habla de «pobreza extrema».[93] Hoy, diez años después, esta afirmación debe relativizarse con la distinción entre los países productores de petróleo y los demás países de la región; o, geográficamente hablando, entre los Estados árabes orientales, que producen y exportan petróleo, y los Estados árabes occidentales, que están abiertos al Mediterráneo y se benefician económicamente solo del tránsito del petróleo. Aparte del fenomenal aumento de la producción de petróleo, la estructura agrícola básica de la mayoría de estos países no ha cambiado.[94] Con la excepción de Israel, no más del diez por ciento de la población activa se gana la vida en la industria manufacturera. La renta anual per cápita en toda la región, con la excepción de Líbano e Israel, es inferior a 250 dólares.[95]

En estas condiciones, la «revolución de las expectativas crecientes»,[96] el impulso al desarrollo, se ha hecho inevitable: la presión a favor de las reformas sociales y la mejora económica propagada tanto por la democracia como por el comunismo y el nacionalismo está obligando a actuar. Cuarenta y ocho destacados pensadores y estadistas occidentales, entre ellos Paul Henri Spaak, Jean Monnet, Lester Pearson y Aldous Huxley, respondieron a una pregunta del Comité para el Desarrollo Económico (CED),[97] que la tarea más importante a la que se enfrentaba Estados Unidos en los próximos veinte años era lograr un mejor reparto del bienestar en el mundo y reducir la flagrante disparidad entre el nivel de vida estadounidense y el de las zonas subdesarrolladas del mundo.

Bajo esta presión, los gobiernos de la mayoría de los países de Oriente Próximo han prestado mucha atención a los programas de desarrollo en los últimos diez años y han invertido más en ellos. Entre 1920 y 1950 solo hubo tres intentos de planificación económica dignos de mención:[98] los dos planes quinquenales de Turquía en la década de 1930, los programas para Irán elaborados en el marco de las Misiones Millspaugh[99] y por Overseas Consultants Inc.[100] en la década de 1930 e inmediatamente después del final de la Segunda Guerra Mundial, y el plan decenal para Chipre presentado por la Secretaría de la Colonia de la Corona Británica en 1948. Por diversas razones, ninguno de estos programas llegó a aplicarse. En todos los casos, las causas del fracaso fueron la falta de fondos y el hecho de que estos «planes» no eran en lo esencial programas de desarrollo, sino, en general, presupuestos ampliados y a largo plazo para la utilización de dinero público.

En 1950 se produjo un cambio importante por las siguientes razones: entró en vigor el primer acuerdo de reparto de beneficios entre los países productores de petróleo y las compañías extranjeras de explotación, la ayuda exterior estadounidense aumentó considerablemente y la consolidación de Israel liberó enormes sumas para el desarrollo. Desde entonces, el fomento del desarrollo económico se ha convertido en el tópico de nuestro tiempo. Agencias gubernamentales, empresas cualificadas, grupos y particulares han elaborado numerosos estudios, informes y recomendaciones para reordenar las tierras y los recursos hídricos de Oriente Próximo. Siria, Irak e Irán han puesto en práctica planes maestros de inversión a largo plazo. Egipto, Israel, Líbano y Turquía han elaborado planes parciales para diversos sectores de sus economías. A pesar de la fragmentación regional,[101] todos los planes de desarrollo contienen dos elementos comunes: en primer lugar, las principales partidas de todos los presupuestos de desarrollo son los sectores de la agricultura y las tecnologías de la comunicación; en segundo lugar, estos gobiernos están tomando medidas para iniciar y promover el desarrollo de las capacidades empresariales, comerciales y financieras a una escala suficiente. Estos planes de desarrollo deben «implantarse» o «injertarse» en las estructuras económicas y sociales existentes con la esperanza de que se desarrollen por sí solas.[102] La idea occidental de que los individuos son capaces de perseguir sus propios intereses no se aplica en las zonas subdesarrolladas. En Oriente Próximo, el grupo —la familia, la tribu, la sociedad o el Gobierno— se considera el protector del individuo.[103] Los individuos no asumen la responsabilidad de mejorar sus condiciones de vida. La influencia de los principios religiosos en esta actitud ofrece un interesante campo de investigación. Por lo tanto, es probable que la elaboración y la ejecución de los programas de desarrollo en Oriente Próximo sigan siendo responsabilidad del sector público durante algún tiempo.

La importancia de las iniciativas públicas frente a las privadas se hace aún más evidente si se tiene en cuenta la disponibilidad de los recursos financieros. El ahorro privado con fines de inversión es prácticamente inalcanzable. Los requisitos previos para su movilización, a saber, la seguridad de la vida y la propiedad, la estabilidad política, la falta de temor a agresiones externas, la confianza en la solvencia del gobierno local y en la estabilidad de las monedas locales, están en gran medida ausentes en los países de la región.[104] Esto también se aplica a la movilización de la inversión privada extranjera, con la excepción del sector petrolero. En consecuencia, los fondos públicos son casi la única fuente de financiación del desarrollo.

En Irán e Irak, las exportaciones de petróleo, si se mantienen en los niveles actuales o aumentan, garantizarán una financiación suficiente para los programas de desarrollo de estos dos estados. En mayo de 1950, el Gobierno iraquí aprobó la Ley n.º 23, en virtud de la cual todos los ingresos generados por las compañías petroleras se transfirieron al Comité de Desarrollo. En 1952, una enmienda a la ley limitó la transferencia al 70 por ciento de los ingresos del petróleo;[105] en 1954/55, unos 125 millones de dólares.[106] La Organización de Planes y Presupuestos de Irán prevé unos ingresos de aproximadamente 850 millones de dólares durante los siete años de su actividad prevista. Esta suma representa el 70 por ciento del total de los ingresos petroleros del país durante el mismo periodo, estimados en 1.200 millones de dólares.[107] Los ingresos de Siria procedentes de las tasas de tránsito del petróleo se estiman en unos 170 millones de dólares para el periodo de seis años hasta 1961.[108]

PANORAMA GENERAL

Egipto

La Comisión Nacional de Planificación ha elaborado programas de desarrollo detallados y específicos. En resumen, tienen los siguientes objetivos:

Agricultura	290.000.000 dólares	45 %
Suministro de electricidad	43.500.000 dólares	8 %
Tecnologías de comunicación	188.500.000 dólares	27 %
Industria	130.000.000 dólares	20 %
	652.000.000 dólares	**100 %**

Para el sector industrial, este programa incluye planes para una refinería de petróleo, una planta siderúrgica y una fábrica de fertilizantes. Se han previsto dos centrales para el sector del suministro eléctrico, El Cairo Norte y El Cairo Sur. Sin

embargo, este programa no incluye el tan discutido proyecto
de la presa de Asuán, que se construirá unos seis kilómetros
aguas arriba de la actual presa de Asuán. Se trata de un proyecto enorme, tanto por la inversión necesaria —las estimaciones
actuales rondan los mil millones quinientos mil dólares—
como por las repercusiones previstas. Sin embargo, dado el
rápido crecimiento de la población egipcia, es probable que las
ganancias adicionales que podrían finalmente obtenerse de la
presa se consuman en su mayor parte en el país.

Irán

El primer plan septenal, que se basaba en los ingresos del
petróleo, no se llevó a cabo al no materializarse dichos
ingresos en 1951, cuando el gobierno del primer ministro
Mossadegh nacionalizó la industria petrolera. En 1955
se anunció un segundo plan septenal con las siguientes
prioridades:

Agricultura	290.000.000 dólares	45 %
Industria y minería	43.500.000 dólares	8 %
Tecnologías de la comunicación	188.500.000 dólares	27 %
Asuntos sociales	130.000.000 dólares	20 %
	652.000.000 dólares	**100 %**

Algunos de los proyectos más importantes de este plan de
desarrollo ya están en ejecución: la presa de Amir Kabir y una
central hidroeléctrica cerca de Teherán, así como la presa de
Karche en la provincia suroccidental de Juzestán.[109] El segundo plan septenal —administrado por una autoridad
aparte— cubre la mayoría de los programas de desarrollo de
Irán. Además, la compañía petrolera nacional, la compañía

iraní de ferrocarriles, otras empresas estatales y órganos de autogobierno local han elaborado sus propios planes, que no forman parte del plan septenal.

Irak

En relación con el tema principal de este documento, los planes de desarrollo de Irak son especialmente interesantes. Como ya se ha mencionado, la falta de medios financieros para ejecutar los distintos planes no debería ser el problema, pero «no parece haberse hecho ningún intento de planificar el personal para las distintas fases del programa» y «ya hay escasez de mano de obra cualificada».[110] Se publicaron dos planes, el segundo de los cuales sustituyó al anterior cuando sus estimaciones de los costes parecieron anticuadas.

	Primer plan 1951-1956		Segundo plan 1955-1959	
Administración	8.820.000 dólares	2,0 %	9.100.000 dólares	1,1 %
Irrigación, drenaje y protección contra inundaciones	155.047.000 dólares	34,0 %	311.234.000 dólares	36,5 %
Carreteras y puentes	74.945.000 dólares	17,2 %	164.360.000 dólares	19,3 %
Ferrocarriles			43.400.000 dólares	5,1 %
Aeropuertos	6.238.000 dólares	1,4 %	14.000.000 dólares	1,6 %
Servicios públicos	45.830.000 dólares	10,5 %	125.090.000 dólares	14,7 %

Viviendas	4.620.000 dólares	1,5 %	24.500.000 dólares	2,9 %
Industria, minería y energía	86.940.000 dólares	20,0 %	121.999.000 dólares	14,3 %
Agricultura y silvicultura	32.480.000 dólares	7,5 %	18.130.000 dólares	2,1 %
Otros	25.642.000 dólares	5,9 %	20.160.000 dólares	2,4 %
	440.562.000 dólares	**100,0 %**	**851.973.000 dólares**	**100,0 %**

Dos grandes proyectos de protección contra las inundaciones, el de Wadi Tharthar[111] y el de al-Habbaniyya,[112] ya se han completado.

Las repercusiones del reciente golpe de Estado en Irak sobre estos planes de desarrollo podrían ser considerables.[113] Aunque es demasiado pronto para evaluar la situación de forma concluyente, las declaraciones realizadas por el primer ministro Abd al-Karim Qasim poco después de la toma del poder, de las que se hizo eco la prensa occidental, indican que existe el deseo de ampliar estos planes. Queda por ver hasta qué punto y en qué dirección ocurrirá esto.

Siria

En 1955, una comisión especial del Banco Internacional de Reconstrucción y Desarrollo presentó el plan para un programa de desarrollo de seis años que, con algunas divergencias, constituyó la base del posterior plan de desarrollo que el Gobierno sirio adoptó en agosto de 1955:

Estudios, encuestas, censos	6.891.000 dólares	3 %
Irrigaciones, suministro de energía, pozos	66.640 dólares	40 %
Asentamientos y proyectos agrícolas	9.660.000 dólares	5 %
Tecnología de la comunicación	46.229.000 dólares	22 %
Obras públicas	8.228.000 dólares	5 %
Refinerías de petróleo	22.400.000 dólares	12 %
Instalaciones públicas independientes	24.640.000 dólares	13 %
	184.688.000 dólares	**100 %**

Este plan de desarrollo prevé la financiación de una serie de autoridades autónomas, como, por ejemplo, la administración del proyecto de Ghab, que actualmente está ejecutando el mayor proyecto de ingeniería hidráulica en Siria.[114]

Líbano

No existe un plan de desarrollo global para Líbano, pero sí una serie de programas sectoriales que prevén la construcción de carreteras, el suministro de agua a las ciudades, la ampliación del puerto de Trípoli y algunos proyectos menores de irrigación. El plan más importante es el proyecto Litani, que, con un coste estimado de 100 millones de dólares, se propone remediar la falta de energía eléctrica habitual en el país y ampliar la superficie destinada a la agricultura de regadío.[115]

Israel

Los planes para el desarrollo de los diversos sectores económicos se incluyen en los presupuestos anuales para el desarrollo. Estos presupuestos se elaboran teniendo en cuenta la inmigración prevista y la disponibilidad de divisas. Aparte de algunas previsiones sobre las necesidades de inversión en los distintos sectores económicos, no se ha publicado ningún plan global a largo plazo. Los planes más detallados se refieren a los sectores de la agricultura y el regadío. Con la excepción de la minería, la industria en Israel es en gran parte de propiedad privada. De ahí que no exista un plan de desarrollo global, aunque el Gobierno ejerce cierta autoridad para fomentar las exportaciones. A continuación, se presenta un cuadro general de los presupuestos de desarrollo recientes:

1955/1956	130.240.000 dólares
1956/1957	119.213.000 dólares
1957/1958	183.425.000 dólares
1958/1959	240.000.000 dólares

En 1956, Israel solicitó al Export-Import Bank de Estados Unidos (Exim)[116] en Washington D. C. un préstamo de 75 millones de dólares para financiar parcialmente un programa de irrigación y desarrollo agrícola de cuatro años de duración. El coste total del programa se estimó en 267 millones de dólares. El objetivo era utilizar de forma más eficiente la mayor parte de los recursos hídricos subterráneos y superficiales no utilizados del país, a excepción del agua del Jordán. Este programa cuatrienal difiere así del Plan Johnston. La aplicación de este último sería el siguiente paso en la ampliación de la producción agrícola en Israel.

Jordania

El Informe Clapp[117] enumeraba una serie de proyectos menores relacionados con el regadío, la construcción de carreteras y la ampliación del puerto de Aqaba como mercado para los productos mineros del estado, principalmente fosfatos. Con la anexión de parte de Palestina (Cisjordania) por el Reino Hachemita de Jordania, los recursos hídricos del Jordán recibieron una atención renovada. Desde el final de la Primera Guerra Mundial, existían planes para utilizar el agua del Jordán de forma más eficaz que en el pasado. El más práctico de estos planes es el más reciente, el llamado Plan Johnston. Desde 1953, Eric Johnston se ha esforzado por encontrar una solución de compromiso para una utilización más eficiente del agua del Jordán. La última versión del plan[118] —el Plan Hidrológico Unificado del Valle del Jordán de octubre de 1955— prevé que el 40 por ciento del agua debe ser utilizada por Israel y el 60 por ciento por los Estados árabes ribereños del río Jordán. Durante las negociaciones de Eric Johnston se realizaron varios estudios nuevos. Resultó que hay más tierra irrigable disponible en la parte jordana del valle de lo que se había estimado anteriormente, y que estas reservas de tierra requerirían menos agua por hectárea de lo que se había supuesto. En consecuencia, se espera que la aplicación del Plan Johnston —irrigación y mejora de los métodos agrícolas— aumente el valor de las cosechas en la región del valle del Jordán de los actuales 5 millones de dólares anuales a nada menos que 45 millones de dólares. Los costes estimados del proyecto son de 200 millones de dólares. Desde un punto de vista técnico y económico, el plan parece viable. Los mayores obstáculos siguen estando en el plano político. Los recientes acontecimientos en la región repercutirán sin duda en las perspectivas de una cooperación regional, aunque todavía es demasiado pronto para juzgar si las consecuencias serán positivas o negativas. Sin embargo, no cabe duda de que el plan para el valle del Jordán, junto con la presa de Asuán, podría marcar el inicio de una reconstrucción de la región.

El resumen anterior muestra que no faltan programas de desarrollo en toda la región. Desde un punto de vista técnico y económico, todos parecen realizables. Sin embargo, la mayoría de estos planes no tienen suficientemente en cuenta la importancia de los factores sociales, políticos y emocionales necesarios para la realización con éxito de cualquier proyecto de desarrollo. Sin una consideración adecuada de estos factores inmateriales, el trabajo de desarrollo resulta difícil. Esto es cierto en el caso de los proyectos nacionales en los que la organización tribal, la distribución de la tierra y otros bienes solo son algunas de las fuerzas centrífugas que actúan dentro de un estado. La cautela es aún más necesaria cuando se trata de planes supranacionales. En este caso, no es solo la fragmentación tradicional de la región lo que constituye un obstáculo importante. La situación actual también se ve agravada por un conjunto de problemas políticos.

Independientemente de estos obstáculos, el concepto de cooperación regional para el desarrollo económico de Oriente Próximo tiene sentido. La instauración una autoridad de desarrollo para Oriente Próximo sería un paso deseable. La idea de un enfoque regional se basa en el hecho de que muchos de los problemas de Oriente Próximo existen independientemente de la llamada cuestión palestina o de las hostilidades entre los distintos reinos y repúblicas. Incluso una solución extrema al conflicto árabe-israelí como la que busca una de las dos partes no respondería a la necesidad de desarrollo.

Es preciso aclarar si, en las circunstancias actuales, esa cooperación regional global puede materializarse y dar resultados tangibles si su alcance no se reduce a lo que es factible en el marco de los factores sociales y políticos. Además, el desarrollo económico no puede hacer milagros. En 1951, un grupo de expertos de las Naciones Unidas estimó que se necesitaría una inversión de capital en agricultura e industria de alrededor del 150 por ciento de la renta nacional anual para aumentar la renta per cápita en Oriente Próximo en un 2 por ciento.[119] El hambre y la sequía, las enfermedades y la ignorancia no se desarrollaron en el transcurso de un año. Tampoco pueden remediarse estos males en un año. Sin embargo, el desarrollo económico abre la perspectiva de más tierras cultivables, la erradicación de las enfermedades y un nivel de vida más alto. El desarrollo económico es, por tanto, una parte esencial de cualquier intento de llevar la esperanza a Oriente Próximo.

«Si los enfermos se alejan del médico, ¿cómo pueden curarse?», pregunta un manual de budismo zen.

ANEXO 7
TABLA CRONOLÓGICA DE LOS GOBIERNOS
Y LAS JURISDICCIONES POLÍTICAS DE PALESTINA

1350 a. C.-586 a. C.	Reino de Israel (periodo bíblico)
587 a. C.-538 a. C.	Conquista babilónica
538 a. C.-168 a. C.	Autonomía de Israel (bajo soberanía persa y greco-asiria)
168 a. C.-143 a. C.	Revuelta de los Macabeos
143 a. C. a 70 d. C.	Reino de los asmoneos y sus sucesores
70 d. C. a 637 d. C.	Autonomía judía (bajo dominio romano y bizantino)

637 d. C. a 1072 d. C.	Gobierno de los califatos árabes
637 d. C. a 661 d. C.	La Meca
661 d. C. a 750 d. C.	Omeyas
750 d. C. a 870 d. C.	Abasíes
969 d. C. a 1071 d. C.	Fatimíes
1072 d. C. a 1096 d. C.	Gobierno selyúcida
1099 d. C. a 1291 d. C.	Cruzados
1175 d. C. a 1291 d. C.	Ayubíes
1291 d. C. a 1516 d. C.	Gobierno de los mamelucos
1516 d. C. a 1918 d. C.	Otomanos (turcos)
1918 d. C. a 1948 d. C.	Mandato de la Mancomunidad Británica de Naciones

ANEXO 8
TEXTO DE LA RESOLUCIÓN DE LAS NACIONES UNIDAS SOBRE LOS REFUGIADOS PALESTINOS

Resolución 194 (III)
Palestina: Informe Parcial del Mediador de las Naciones Unidas Adoptado por la Asamblea General de las Naciones Unidas el 11 de diciembre de 1948

La Asamblea General,
tras un nuevo examen de la situación en Palestina,

1. *Expresa* su máximo reconocimiento por los progresos realizados gracias a los buenos oficios del difunto Mediador de las Naciones Unidas[120] en la promoción de un arreglo pacífico de la situación futura de Palestina por el que sacrificó su vida; y

agradece al mediador actual y a sus colaboradores sus continuos esfuerzos y compromisos en Palestina;

2. *Establece* una Comisión de Conciliación compuesta de tres Estados Miembros de las Naciones Unidas, a la que se confían las siguientes misiones:

a) desempeñar las funciones asignadas al Mediador de las Naciones Unidas para Palestina por la resolución 186 (S-2) de la Asamblea General de 14 de mayo de 1948 si las considera necesarias en las circunstancias dadas;

b) desempeñar las funciones e instrucciones específicas que se le confieren en dicha resolución y las funciones e instrucciones adicionales que le puedan asignar la Asamblea General o el Consejo de Seguridad;

c) a petición del Consejo de Seguridad, asumir cualesquiera funciones actualmente asignadas por resoluciones del Consejo de Seguridad al Mediador de las Naciones Unidas para Palestina o a la Comisión para el Armisticio de las Naciones Unidas; si el Consejo de Seguridad hace tal petición a la Comisión de Conciliación con respecto a cualesquiera funciones restantes del Mediador de las Naciones Unidas para Palestina en virtud de resoluciones del Consejo de Seguridad, se pondrá fin al cargo del Mediador;

3. *decide* que un comité compuesto por China, Francia, la Unión Soviética, el Reino Unido y los Estados Unidos de América haga a la Asamblea General, antes de que finalice la primera parte de la sesión actual de la Asamblea General, una propuesta para la designación de los tres países que constituirán la Comisión de Conciliación, para su aprobación por la Asamblea General;

4. *pide* a la Comisión de Conciliación que inicie de forma inmediata sus actividades a fin de poder establecer lo antes

posible un enlace entre las partes y entre estas y la Comisión de Conciliación;

5. *exhorta* a los gobiernos y a las autoridades interesados a que amplíen el marco de negociaciones previsto en la resolución del Consejo de Seguridad de 16 de noviembre de 1948 y a que traten de llegar a un acuerdo mediante negociaciones, ya sea con la Comisión de Conciliación o directamente, con miras a alcanzar un arreglo definitivo de todas las cuestiones pendientes entre ellos;

6. *encarga* a la Comisión de Conciliación que tome medidas para ayudar a los gobiernos y a las autoridades interesados en alcanzar un arreglo definitivo de todas las cuestiones pendientes entre ellos;

7. *decide* que los Santos Lugares —Nazaret incluido— y los edificios y emplazamientos religiosos de Palestina serán protegidos y se garantizará el libre acceso a los mismos de conformidad con los derechos existentes y la práctica histórica; que las disposiciones que se adopten con este fin estarán sujetas a la supervisión en vigor de las Naciones Unidas; que la Comisión de Conciliación de las Naciones Unidas, cuando presente sus propuestas detalladas sobre un régimen internacional permanente para la zona de Jerusalén en la cuarta sesión de la Asamblea General, formulará también recomendaciones relativas a los Santos Lugares de dicha zona; que, por lo que respecta a los Santos Lugares del resto de Palestina, la Comisión de Conciliación solicite a las autoridades políticas de los territorios interesados que proporcionen las garantías formales adecuadas para la protección de los Santos Lugares y el acceso a los mismos, y que las declaraciones de compromiso pertinentes se presenten a la Asamblea General para su examen y aprobación;

8. *decide* que la zona de Jerusalén, incluido el actual núcleo urbano de Jerusalén *y* las aldeas y municipios circundantes,

el más oriental de los cuales es Abu Dis, el más meridional Belén, el más occidental En Kerem[121] (incluida la zona edificada de Motsa)[122] y el más septentrional Shu'fat[123], debe recibir un trato especial y separado del resto de Palestina, en vista de su importancia para tres religiones mundiales, y quedar bajo el control efectivo de las Naciones Unidas; *pide* al Consejo de Seguridad que adopte nuevas medidas para garantizar la desmilitarización de Jerusalén lo antes posible;

encarga a la Comisión de Conciliación que presente en la cuarta sesión ordinaria de la Asamblea General propuestas detalladas para un régimen internacional permanente en la zona de Jerusalén; este debe garantizar a los diversos grupos el máximo grado de autonomía local compatible con el estatuto internacional especial de la zona de Jerusalén;

se faculta a la Comisión de Conciliación para nombrar a un representante de las Naciones Unidas que colabore con las autoridades locales en la administración provisional de la zona de Jerusalén;

9. *decide* que, hasta que haya unidad sobre acuerdos más detallados entre los gobiernos y las autoridades implicados, se concederá a todos los habitantes de Palestina el acceso más libre posible a Jerusalén por carretera, ferrocarril o aire;

encarga a la Comisión de Conciliación que informe inmediatamente al Consejo de Seguridad de cualquier intento de alguna de las partes de impedir dicho acceso para que el Consejo de Seguridad pueda tomar las medidas oportunas;

10. e*ncarga* a la Comisión de Conciliación que busque acuerdos entre los gobiernos y autoridades implicados que favorezcan el desarrollo económico de la zona, incluidos acuerdos sobre el acceso a puertos y aeródromos y sobre el uso de medios de transporte y comunicación;

11. *decide* que debe permitirse a los refugiados que deseen regresar a sus hogares y vivir en paz con sus vecinos que lo hagan lo antes posible y que debe pagarse una indemnización por los bienes de quienes opten por no regresar y por las pérdidas o daños materiales cuya reparación corresponda a los gobiernos o autoridades responsables de conformidad con los principios del derecho internacional o de la equidad;

encarga a la Comisión de Conciliación que facilite la repatriación, el reasentamiento y la rehabilitación económica y social de los refugiados, así como el pago de indemnizaciones, y que mantenga estrechas relaciones con el Comisionado General del Organismo de Ayuda de las Naciones Unidas para los Refugiados de Palestina y, a través de él, con los órganos y organismos competentes de las Naciones Unidas;

12. *autoriza* a la Comisión de Conciliación a establecer los órganos subsidiarios y a emplear a los expertos que actúen bajo su supervisión que considere necesarios para el buen desempeño de sus funciones y responsabilidades con arreglo a la presente resolución;

la Comisión de Conciliación tendrá su sede oficial en Jerusalén. Las autoridades responsables del mantenimiento del orden en Jerusalén se encargarán de tomar todas las medidas necesarias para garantizar la seguridad de la Comisión de Conciliación. El secretario general proporcionará un número limitado de fuerzas de seguridad para proteger al personal y las instalaciones de la Comisión de Conciliación;

13. *encarga* a la Comisión de Conciliación que presente de forma regular informes de la situación al secretario general para que este los reenvíe al Consejo de Seguridad y a los Miembros de las Naciones Unidas;

14. *exhorta* a todos los gobiernos y autoridades interesados a que cooperen con la Comisión de Conciliación y adop-

ten todas las medidas posibles para contribuir a la aplicación de la presente resolución;

15. *pide* al secretario general que proporcione el personal y los medios necesarios y que adopte las disposiciones apropiadas para facilitar los recursos necesarios para la aplicación de la presente resolución.

En la 186.ª sesión plenaria, celebrada el 11 de diciembre de 1948, un comité compuesto por los cinco estados mencionados en el párrafo 3 de la citada resolución presentó a la Asamblea General la propuesta de que la Comisión de Conciliación incluyera a los tres países siguientes:

FRANCIA, TURQUÍA Y LOS ESTADOS UNIDOS DE AMÉRICA

Dado que la propuesta del comité fue adoptada por la Asamblea General en la misma sesión, la Comisión de Conciliación la componen también los tres países arriba mencionados.

OTRAS RESOLUCIONES DE LA ONU RELACIONADAS CON LOS REFUGIADOS PALESTINOS

212 (III)   Fundación del Organismo de Ayuda de las Naciones Unidas para los Refugiados de Palestina (UNRPR) para planificar y realizar un programa de ayuda y para conseguir el apoyo de organismos especializados de la ONU, así como de organizaciones como la Cruz Roja Internacional y el American Friends Service Committee (AFSC). Se calcula que 32 millones de dólares garantizarán el apoyo a 500.000 refugiados del 1 de diciembre de 1948

al 31 de agosto de 1949. Aprobada el 19 de noviembre de 1948.

302 (IV)   Fundación de la Agencia de Naciones Unidas para los Refugiados de Palestina en Oriente Próximo (UNRWA). El apoyo directo del organismo finalizará el 31 de diciembre de 1950. Aprobada el 8 de diciembre de 1949.

393 (V)   Se prorroga el mandato de la UNRWA hasta el 30 de junio de 1952. Aprobado el 2 de diciembre de 1950.

513 (VI)   Aprobación de un programa trienal de ayuda de la UNRWA y prórroga del mandato de la UNRWA hasta el 30 de junio de 1954. Aprobada el 26 de enero de 1952.

614 (VII)   Autorización de un aumento del presupuesto de ayuda a la UNRWA debido al fracaso del plan de 250 millones de dólares. Aprobada el 6 de noviembre de 1952.

720 (VIII)   Se prorroga el mandato de la UNRWA hasta el 30 de junio de 1955. Aprobado el 27 de noviembre de 1953.

818 (IX)   El mandato de la UNRWA se prorroga hasta el 30 de junio de 1960. Aprobado el 4 de diciembre de 1954.

ANEXO 9

NOTAS SOBRE LOS ASPECTOS FINANCIEROS DE REHABILITACIÓN DE LOS REFUGIADOS
Joachim O. Ronall

Las consideraciones financieras deben tenerse en cuenta en el marco de cualquier planteamiento del problema de los refugiados palestinos. Los lectores preocupados por los costes, ya sean privados o públicos, examinarán las dimensiones económicas de la solución propuesta. El objetivo de la siguiente exposición es, por tanto, poner de relieve las «dimensiones manejables» del problema.

1. MANO DE OBRA POR REHABILITAR[124]

Número total de refugiados	934.000
Menos del 50 % de refugiados en edad no laboral (menores de 15 años)	467.000
	467.000
Menos del 50 % de mujeres refugiadas	233.000
	234.000
Menos del 50 % de refugiados mayores o impedidos	57.000
Número total de trabajadores a rehabilitar	**177.000**

Para una mejor clasificación del número de estos trabajadores potenciales, hay que señalar que la British Anglo-Iranian Oil Company (AIOC)[125] empleaba en Abadán en 1948 a 66.000 personas que, junto con sus familias, formaban una comunidad de unas 200.000 personas.

2. ESTIMACIONES DE LOS COSTES DE REHABILITACIÓN

Los importes estimados para la rehabilitación de los refugiados dependen naturalmente de las circunstancias locales. Todas las estimaciones aquí expuestas se basan en el supuesto de que las zonas necesitadas de rehabilitación figuran sin sus costes, es decir, no aparecen con partidas

independientes en el presupuesto de rehabilitación. En las estimaciones presentes tampoco se incluyen los gastos que re-
queriría la ampliación de los abastecimientos públicos como
consecuencia del reasentamiento, por ejemplo, para los abastecimientos básicos en los ámbitos de las comunicaciones, el
agua, la educación, la sanidad, la seguridad interior, etc.

a) El presupuesto de la UNRWA prevé 40.000.000 de dólares
   anuales para la rehabilitación de los refugiados. Calculado aproximadamente para un periodo de diez años y un millón de personas, el coste per cápita ascendía a   400 dólares

b) El Informe Thicknesse de 1949[126] recomendaba una contribución per cápita de   316 dólares

c) En noviembre de 1953,[127] el Gobierno de Israel estimó el coste
   per cápita de la rehabilitación en   500 dólares

d) El Gobierno de la República Federal de Alemania gastó entre
   1945 y 1957 un total de 10.000.000.000 dólares para el socorro
   y rehabilitación de unos 12.000.000 de desplazados y refugiados.[128] Esto corresponde a una suma per cápita de   30 dólares

e) El Gobierno indio gastó entre 1947 y 1956 una suma de
   2.813.460.000 rupias (a un tipo de cambio de 0,21 dólares por
   rupia) para unos 9.000.000 de refugiados.[129] Esto corresponde a un coste total de 590.814.000 dólares o una suma per
   cápita de   66 dólares

f) El Gobierno turco calcula que se necesita una inversión de 2.000 dólares para reasentar a una familia media de cinco miembros.[130]
   Esto corresponde a una inversión per cápita de   400 dólares

g) El Gobierno vietnamita recibió entre 1954 y 1958 50.000.000 de dólares al año de Estados Unidos y 8.000.000 de dólares de Francia para el reasentamiento de unos 900.000 refugiados.[131] Estas contribuciones totalizan 232.000.000 dólares y representan un gasto per cápita de   258 dólares

h) Se estima que las organizaciones privadas gastan 200.000.000 de dólares al año en refugiados. Un cálculo aproximado para un periodo de trece años (desde 1945), y sobre la base de un número total de 40.000.000 de refugiados,[132] correspondería a un gasto per cápita de   65 dólares

La media aritmética de las estimaciones y los gastos anteriores de (a) a (g) —el punto (h) suele añadirse a los puntos (a)-(g)— es de 395 dólares per cápita, a los que hay que añadir 65 dólares (h), lo que da como resultado un importe total de 460 dólares per cápita. Sobre la base de esta estimación, el importe necesario para la rehabilitación de 934.000 refugiados ascendería a unos 430.000.000 dólares. A modo de comparación, son interesantes aquí las siguientes cifras:

Presupuesto israelí en divisas	1956/57	513.422.000 dólares
	1957/58	565.350.000 dólares
	1958/59	587.000.000 dólares
Pagos estimados por licencias del petróleo en Oriente Próximo en 1957		435.000.000 dólares
Las importaciones israelíes en 1957 ascendieron a		450.000.000 dólares

3. Todas estas cifras son, por supuesto, aproximaciones. Se basan en cálculos anteriores de organismos autorizados y en

experiencias adquiridas en este campo a pequeña escala. No pueden considerarse definitivas porque el presupuesto para el reasentamiento y la rehabilitación de los refugiados depende tanto de su ubicación y de la fertilidad de la tierra como de la proporción de refugiados que se instalarán como agricultores en lugar de dedicarse a otras actividades.

Estas cifras se basan en el supuesto de que (a) solo una parte de los refugiados serán reasentados como agricultores y (b) las tierras asignadas por los gobiernos en cuestión podrán utilizarse como tierras de cultivo.

En este contexto, merece la pena reproducir un extracto de algunos comentarios que la comisión ha recibido de una fuente autorizada y familiarizada con la situación de los refugiados y que señalan lo siguiente: «Esta parte del mundo no está subdesarrollada tan solo porque carezca de los recursos financieros necesarios. La causa determinante es que el territorio es un desierto. Es cierto que, históricamente, los desiertos solo son una característica temporal de cualquier lugar geográfico. Pueden transformarse en zonas productivas por un cambio del clima u otro fenómeno natural, o mediante el ingenio humano y la aplicación de técnicas modernas. A la hora de elaborar nuestros planes humanos, solo podemos confiar en los dos últimos puntos. En este caso, el éxito de la transformación requiere un suministro suficiente de agua. Las fuentes de suministro suficiente de agua son las montañas de Turquía y las del norte de Irak. En el primer caso se trata de controlar el Éufrates para irrigar zonas secas de Siria y, en el segundo, de controlar el Tigris y sus afluentes para irrigar amplias zonas de Irak. Los costes de todo ello serán muy superiores al indicado en el informe. Por poner solo un pequeño ejemplo, los costes del plan Yarmouk/Valle del Jordán se han estimado en 170 millones de dólares (incluyendo la generación de energía hidroeléctrica) y el plan prevé la irrigación de una zona comparativamente pequeña que podría alimentar a unas 80.000 personas más de las que trabajan actualmente en el Valle del Jordán. En otras palabras, costaría 10.500 dólares por familia proporcionar un sustento a 16.000 familias de refugiados. Si la UNRWA ha conseguido hasta ahora que las familias sean autosuficientes a un coste menor, es solo porque la rehabilitación de las primeras familias es mucho más fácil y menos costosa: una vez agotadas las posibilidades iniciales, resulta cada vez más difícil y costoso reasentar a la población en una zona predominantemente desértica».[133]

CRONOLOGÍA DE LOS ACONTECIMIENTOS[134]

1947

29 de noviembre: La Asamblea General de las Naciones Unidas aprueba la Resolución 181 (II), que prevé un plan de partición con unión económica para Palestina. La resolución también establece una Comisión Palestina de la ONU compuesta por Bolivia, Checoslovaquia, Dinamarca, Panamá y Filipinas para llevar a cabo este plan. El Plan de Partición prevé que el Mandato de la Comunidad de Naciones Británica para Palestina finalice el 1 de agosto de 1948, y que las fuerzas británicas deberán retirarse para esa fecha. (Posteriormente, el Reino Unido anuncia su intención de poner fin a su mandato el 15 de mayo de 1948). Los estados independientes árabes y el judío, así como el régimen internacional especial para el distrito de Jerusalén, deben establecerse dos meses después de que finalice la retirada del Mandato británico.

La partición es rechazada por el Alto Comité Árabe y aceptada por la Jewish Agency for Palestine.

1948

19 de marzo: Estados Unidos presenta al Consejo de Seguridad de las Naciones Unidas una propuesta de administración fiduciaria provisional para la Palestina indivisa y una suspensión de la Comisión para Palestina de la ONU creada para aplicar el Plan de Partición.

Del 16 de abril al 14 de mayo: La Asamblea Especial de las Naciones Unidas convocada por Estados Unidos rechaza el plan estadounidense. Los representantes árabes están a favor del plan porque implica un Estado único y no dividido. Los representantes judíos rechazan el plan y consideran insostenible la propuesta de una administración fiduciaria.

14-15 de mayo: Los judíos de Palestina proclaman el Estado de Israel.

15 de mayo: Los Estados árabes vecinos invaden Israel.

20 de mayo: La Comisión de la Asamblea General de las Naciones Unidas nombra al conde Folke Bernadotte, presidente de la Cruz Roja sueca, mediador para Palestina, en sustitución de la Comisión para Palestina de la ONU.

21 de julio: Bernadotte pide a las Naciones Unidas que se envíe a un alto funcionario para investigar el problema de los refugiados causado por la Partición y la Guerra de Palestina.

16 de septiembre: El mediador de las Naciones Unidas estima que, como consecuencia del conflicto en Palestina, hay unos 330.000 refugiados árabes de Palestina en los siguientes territorios:

3.000 en Irak,

50.000 en Líbano,

70.000 en Siria,

50.000 en Transjordania,

145.000 en la Palestina árabe,

12.000 en Egipto,

50.000 en territorio controlado por los judíos.

17 de septiembre: El conde Folke Bernadotte es asesinado.[135] Después del atentado, Ralph Bunche es nombrado mediador en funciones de las Naciones Unidas.

18 de octubre: Las Naciones Unidas cifran en 472.000 el número de refugiados.

19 de noviembre: La Asamblea General de las Naciones Unidas aprueba la Resolución 212 (III) por la que se establece el Organismo de Ayuda de las Naciones Unidas para los Refugiados de Palestina (UNRPR) para planificar y ejecutar un programa de ayudas y conseguir el apoyo de organismos especiales de las Naciones Unidas y organizaciones como la Cruz Roja Internacional y el American Friends Service Committee (AFSC). La Asamblea General aprueba un anticipo de cinco millones de dólares del Fondo de Operaciones de las Naciones Unidas para cubrir la necesidad estimada de 32 millones de dólares para garantizar la asistencia a 500.000 refugiados desde el 1 de diciembre de 1948 hasta el 31 de agosto de 1949.

29 de noviembre: Israel solicita el ingreso en las Naciones Unidas.

1 de diciembre: Stanton Griffis (Estados Unidos) es nombrado comisionado general del UNRPR. Hasta agosto de 1949, 33 gobiernos donan un total de 35 millones de dólares para financiar un programa de ayuda a los refugiados.

11 de diciembre: La Asamblea General de las Naciones Unidas aprueba la Resolución 194 (III). Esta reconoce el derecho de los refugiados a la repatriación o a una compensación y se establece la Comisión de Conciliación de las Naciones Unidas para Palestina. Los miembros de la Comisión de Conciliación son Francia, Turquía y Estados Unidos.

17 de diciembre: El Consejo de Seguridad de las Naciones Unidas rechaza la solicitud de ingreso de Israel como miembro de la ONU. Votación: 5 a favor,[136] 1 en contra (Siria), 5 abstenciones (Bélgica, Canadá, China, Francia y Reino Unido).

1949

24 de febrero: Firma del acuerdo de alto el fuego entre Israel y Egipto.

3 de marzo: El Consejo de Seguridad de las Naciones Unidas recomienda la admisión de Israel en las Naciones Unidas.[137] Votación: 9 a favor,[138] 1 en contra (Egipto), 1 abstención (Reino Unido).

23 de marzo: Firma del acuerdo de alto el fuego entre Israel y Líbano.

Abril: El secretario general de las Naciones Unidas autoriza la continuación de las operaciones de ayuda hasta la cuarta Asamblea General.

3 de abril: Firma del acuerdo de alto el fuego entre Israel y Jordania.

Del 27 de abril al 19 de septiembre: La Comisión de Conciliación de la ONU para Palestina celebra conversaciones en Lausana. Israel y Egipto, Jordania, Líbano y Siria son incapaces de resolver sus diferencias. Las negociaciones fracasan debido al problema de los refugiados palestinos.

11 de mayo: La Asamblea General de las Naciones Unidas aprueba la solicitud de Israel para ser miembro de las Naciones Unidas. Votación: 37 a favor, 12 en contra, 9 abstenciones.[139]

29 de junio: La Comisión de Conciliación de la ONU para Palestina crea una comisión de expertos para determinar el número de refugiados árabes, su lugar de origen, etc.

30 de junio: Las Naciones Unidas estiman en 711.000 el número de refugiados.

20 de julio: Firma del acuerdo de alto el fuego entre Israel y Siria.

23 de agosto: La Comisión de Conciliación de las Naciones Unidas para Palestina, bajo la dirección de Gordon R. Clapp (Estados Unidos), crea una comisión encargada de realizar un estudio económico, la llamada United Nations Economic Survey Mission for the Middle East, con el objetivo de examinar la situación económica de los países de Oriente Próximo afectados por los conflictos en Palestina.

6 de noviembre: La United Nations Economic Survey Mission for the Middle East envía un informe provisional a la Asamblea General de las Naciones Unidas en el que recomienda la creación de una nueva agencia especial para poner en marcha programas de ayuda a pequeña escala y establecer un programa de trabajo que permita a los refugiados ser autosuficientes.

8 de diciembre: La Asamblea General de las Naciones Unidas aprueba la Resolución 302 (IV), que se basa en las recomendaciones de la United Nations Economic Survey Mission for the Middle East, y funda el Organismo de Obras Públicas y Ayudas de las Naciones Unidas para los Refugiados de Palestina en el Oriente Próximo (UNRWA) para llevar a cabo proyectos de ayuda y trabajo en cooperación con los gobiernos locales. Los recursos financieros del UNRPR se transferirán a la UNRWA. El apoyo directo de la organización finaliza el 31 de diciembre de 1950.

28 de diciembre: Publicación del informe final de la United Nations Economic Survey Mission for the Middle East.

1950

Marzo: Irak autoriza la emigración de judíos a Israel.

24 de abril: Jordania se anexiona oficialmente el territorio situado al oeste del río Jordán.

1 de mayo: La UNRWA inaugura su sede principal en Beirut. La organización está dirigida por un comisionado general (siempre de nacionalidad estadounidense) que cuenta con la asistencia de un Comité Asesor compuesto por representantes de Francia, Turquía, Reino Unido y Estados Unidos. El comité asesor se ampliará con posterioridad para incluir a representantes de Egipto, Jordania, Siria, Bélgica y Líbano. Howard Kennedy es nombrado primer comisionado general de la UNRWA.

25 de mayo: En una declaración conjunta, Francia, el Reino Unido y Estados Unidos anuncian que tomarán medidas inmediatas si algún país de Oriente Próximo viola las fronteras o las líneas de alto el fuego.

30 de junio: La UNRWA informa de una cifra de 960.021 refugiados.

2 de diciembre: La Asamblea General de las Naciones Unidas adopta la Resolución 393 (V), que prorroga el mandato de la UNRWA hasta el 30 de junio de 1952.

14 de diciembre: La Asamblea General de las Naciones Unidas aprueba la Resolución 394 (V) sobre la continuación de la Comisión de Conciliación de las Naciones Unidas para Palestina.

1951

Marzo: Irak congela todos los bienes[140] de los judíos emigrantes.

30 de junio: La UNRWA informa de una cifra de 879.667 refugiados.

20 de julio: El rey Abdallah de Jordania es asesinado.[141]

Del 13 de septiembre al 19 de noviembre: La Comisión de Conciliación de la ONU para Palestina lleva a cabo negociaciones entre árabes e israelíes en París. No se llega a ningún acuerdo.

1952

26 de enero: La Asamblea General de las Naciones Unidas aprueba la Resolución 513 (VI) y autoriza un programa trienal de ayuda de la UNRWA, financiado con 50 millones de dólares para medidas de ayuda y 200 millones para medidas de rehabilitación. El mandato de la UNRWA se prorroga hasta el 30 de junio de 1954.

30 de junio: La UNRWA informa de una cifra de 882.673 refugiados.

1 de julio: John Blandford es nombrado comisionado general de la UNRWA. Israel asume la responsabilidad de 19.000 refugiados árabes en Israel expulsados durante la Guerra de Palestina de 1948.

8 de octubre y 24 de noviembre: Israel anuncia su disposición a liberar un millón de libras israelíes (a razón de 1 libra israelí por 1 libra esterlina) de las cuentas congeladas para su transferencia.

6 de noviembre: La Asamblea General de las Naciones Unidas aprueba la Resolución 614 (VII), en la que reconoce que la aplicación inmediata del plan de 250 millones de dólares ha resultado imposible y aprueba una ampliación del presupuesto de ayuda para la UNRWA.

1953

7 de marzo: Dimite el comisionado general de la UNRWA, John Blandford. Se nombra sucesor a Leslie J. Carver.

30 de junio: La UNRWA informa de una cifra de 871.748 refugiados.

9 de octubre: En una carta dirigida al Partido Comunista Chino, el embajador israelí Abba Eban anuncia que el Gobierno israelí está llevando a cabo trabajos preparatorios para poner en práctica su objetivo político declarado de ofrecer compensaciones por las propiedades abandonadas en Israel.

13 de octubre: El presidente de Estados Unidos Dwight D. Eisenhower envía a Eric Johnston a Oriente Próximo para negociar un plan destinado a regular el suministro de agua en el valle del Jordán.

27 de noviembre: La Asamblea General de las Naciones Unidas aprueba la Resolución 720 (VIII), que prorroga el mandato de la UNRWA hasta el 30 de junio de 1955.

1954

18 de abril: El coronel Gamal Abdel Nasser, elegido Primer Ministro de Egipto.

15 de junio: Henry R. Labouisse es nombrado comisionado general de la UNRWA.

30 de junio: La UNRWA informa de una cifra de 887.058 refugiados.

4 de diciembre: La Asamblea General de las Naciones Unidas aprueba la Resolución 818 (IX), que prorroga el mandato de la UNRWA hasta el 30 de junio de 1960.

1955

30 de junio: La UNRWA informa de una cifra de 905.986 refugiados.

26 de agosto: El secretario de Estado estadounidense John F. Dulles propone un préstamo internacional a Israel para ayudarlo a pagar las compensaciones a los refugiados y declara que Estados Unidos participaría.

15 de octubre: El Comisionado General de la UNRWA publica un informe especial sobre los receptores de ayudas no incluidos en las listas de la UNRWA, en particular los niños y los residentes a lo largo de las líneas de demarcación en situación de necesidad.

21-22 de noviembre: Se cierra el Pacto de Bagdad.[142] Entre sus miembros figuran Irán, Irak, Pakistán, Turquía y el Reino Unido, mientras que Estados Unidos participa oficialmente en los comités económico y militar.[143]

3 de diciembre: La Asamblea General de las Naciones Unidas aprueba la Resolución 916 (X) sobre la continuación de la labor de la UNRWA.

1956

11 de marzo: Israel cambia su postura sobre la compensación por las propiedades abandonadas en Israel. En una carta al Partido Comunista Chino dice: «Si los gobiernos árabes aceptan invertir la tendencia actual de endurecer su bloqueo económico contra Israel [...], Israel estará preparado para anunciar sus planes detallados de compensación».

30 de junio: La UNRWA informa de una cifra de 922.279 refugiados.

26 de julio: Egipto nacionaliza la Compañía del canal de Suez.

31 de agosto: Hasta la fecha, se han desbloqueado cuentas congeladas por Israel por un valor total de 7.373.890 dólares.

4 de octubre: El Partido Comunista Chino informa que «la Comisión de Conciliación de las Naciones Unidas para Palestina no ha tenido oportunidad de desempeñar su función con perspectivas de éxito en vista de la actitud invariable de las partes en conflicto y de que estas no han recurrido a los servicios de la Comisión».

29 de octubre: Israel invade Egipto y a continuación ocupa la Franja de Gaza. En la sesión del Consejo de Seguridad de las Naciones Unidas, Israel declara que «el objetivo de estas operaciones es destruir las bases de los fedayines egipcios desde las que penetran unidades egipcias armadas [...] en territorio israelí con el fin de asesinar, sabotear y crear una inseguridad permanente para una vida pacífica».

31 de diciembre: La UNRWA informa de una cifra de 924.922 refugiados.

1957

5 de enero: El presidente de Estados Unidos Eisenhower anuncia una nueva política estadounidense (Doctrina Eisenhower). El objetivo es reforzar la economía de los países de Oriente Próximo y asegurar la ayuda militar y ofrecer el apoyo a los estados que lo soliciten en la lucha «contra la flagrante agresión armada por parte de cualquier nación controlada por el comunismo internacional».

10 de enero: El Comisionado General de la UNRWA publica un informe especial sobre las operaciones de la UNRWA en la Franja de Gaza desde el 1 de noviembre hasta mediados de diciembre de 1956.

12 de febrero: El ministro de Asuntos Exteriores de la URSS, Dimitri T. Shepilov, propone que los Cuatro Grandes[144] se comprometan a proporcionar ayuda económica a los Estados árabes de Oriente Próximo.

6 de marzo: Tropas de la UNEF[145] toman el control de la Franja de Gaza.

9 de marzo: El Congreso de Estados Unidos aprueba la Doctrina Eisenhower.

Abril: El rey Hussein forma un gobierno prooccidental en Jordania.

Agosto: Siria acepta la ayuda militar y económica soviética, y técnicos soviéticos comienzan a entrar en el país.

Noviembre: Egipto acepta de nuevo el apoyo soviético.

1958

Febrero: Bajo la égida de Nasser, Egipto y Siria se unen para formar la República Árabe Unida, a la que más tarde se unirá Yemen. Para contrarrestarla, Irak y Jordania fundan la Unión Árabe bajo el rey iraquí Faisal II.[146]

Abril: Nasser visita Moscú, donde se le promete apoyo por su compromiso con el nacionalismo árabe.

Mayo: Los rebeldes pro Nasser se sublevan en Líbano e intentan derrocar al Gobierno prooccidental del presidente Camille Chamoun. Líbano pide ayuda a las Naciones Unidas contra la «intervención» de la República Árabe Unida.

Junio: Llega al Líbano un grupo de observadores de la ONU.

Julio: El Gobierno prooccidental del rey Faisal es derrocado de la noche a la mañana en un golpe de Estado por oficiales del ejército del bando pro Nasser. El rey y su familia son asesinados.[147] El presidente Chamoun pide ayuda a Estados Unidos para impedir que la rebelión se extienda a Líbano. El presidente Eisenhower responde enviando marines estadounidenses. Tropas británicas penetran en Jordania para apoyar al rey Hussein.

Nikita Jrushchov, primer secretario del PCUS, pide una cumbre inmediata para evitar «una catástrofe mundial».

El Consejo de Seguridad de las Naciones Unidas se reúne, pero es incapaz de resolver la crisis.

Agosto: Se convoca una sesión especial de la Asamblea General para ocuparse de la situación en Oriente Próximo.

FUENTES

LAS NACIONES UNIDAS

Informe Anual del Comisionado General del Organismo de Obras Públicas y Socorro de las Naciones Unidas para los Refugiados de Palestina en el Oriente Próximo (UNRWA) del periodo

comprendido entre el 1 de julio de 1956 y el 30 de junio de 1957,
Protocolos Oficiales de la Asamblea General, sesión duodécima, suplemento n.º 14, documento de la ONU n.º A/3686.

Una descripción detallada de la fundación de la UNRWA
y de su misión y trabajo antes del 1 de julio de 1956 puede
encontrarse en los siguientes informes anuales y otros documentos de las Naciones Unidas:

A. *Informe final de la United Nations Economic Survey Mission for the Middle East,* 28 de diciembre de 1949, documento de la ONU n.º A/AC.25/6, partes 1 y 2.

B. *Informe del secretario general sobre la asistencia a los refugiados de Palestina,* Protocolos Oficiales de la Asamblea General, sesión cuarta, Comité Político *ad hoc,* anexos, vol. 2,
p. 14, documento de la ONU n.º A/1080.

C. *Informes del Comisionado General de la UNRWA e informes
especiales del Comisionado General y de la Comisión Asesora
de la UNRWA a la Asamblea General:*

   a) Protocolos Oficiales de la Asamblea General, sesión quinta,
   suplemento n.º 19, documento de la ONU n.º A/1451, párrafo 1.

   b) Protocolos Oficiales de la Asamblea General, sesión sex-
   ta, suplementos n.º 16 y 16 A, documento de la ONU n.º
   A/1905 y anexo 1.

   c) Protocolos Oficiales de la Asamblea General, sesión séptima,
   suplementos n.º 13 y 13 A, documento de la ONU n.º
   A/2171 y anexo 1.

   d) Protocolos Oficiales de la Asamblea General, sesión octava, suplementos n.º 12 y 12 A, documento de la ONU n.º
   A/2470 y anexo 1.

   e) Protocolos Oficiales de la Asamblea General, sesión novena, suplementos n.º 17 y 17 A, documento de la ONU n.º
   A/2717 y anexo 1.

f) Protocolos Oficiales de la Asamblea General, sesión décima, suplementos n.º 15, 15 A y 15 B, documento de la ONU n.º A/2978 y anexo 1.

g) Protocolos Oficiales de la Asamblea General, sesión undécima, suplementos n.º 14 y 14 A, documento de la ONU n.º A/3212 y anexo 1.

h) Labouisse, Henry R., *Declaración ante el Comité Político Especial*, 11 de febrero de 1957, comunicado de prensa de la ONU, documento de la ONU n.º PM/3369.

i) *Declaración ante el Comité Político ad hoc de la Décima Asamblea General de la ONU*, 24 de noviembre de 1955 (reproducida por la ONU, sin numerar).

j) *Ante el Comité Político ad hoc de la Décima Asamblea General de la ONU*, 24 de noviembre de 1955 (reproducido por la ONU, sin numerar).

k) Organismo de Obras Públicas y Ayudas de las Naciones Unidas para los Refugiados de Palestina en el Oriente Próximo (UNRWA), «Resumen estadístico», Beirut, Líbano, 23 de febrero de 1957.

D. *Informes provisionales de la Comisión de Conciliación de las Naciones Unidas para Palestina*, 1947-1957, documento de la ONU n.º A/819, A/838, A/927, A/992, A/1252, A/1255, A/1288, A/1367, A/1793, A/1985, A/2121, A/2216, A/2629, A/2897 y A/3199.

E. Resoluciones y decisiones relevantes de la Asamblea General:

194 (III) del 11 de diciembre de 1948,

212 (III) del 19 de noviembre de 1948,

302 (IV) del 8 de diciembre de 1949,

393 (V) del 2 de diciembre de 1950,

513 (VI) del 26 de enero de 1952,

614 (VII) del 6 de noviembre de 1952,

720 (VIII) del 27 de noviembre de 1953,

818 (IX) del 4 de diciembre de 1954,

916 (X) del 3 de diciembre de 1955,

1018 (XI) del 28 de febrero de 1957.

Protocolos Oficiales de la Asamblea General, sesión undécima, anexos, punto 23 del orden del día, documento de la ONU n.º A/ SPC/9 y A/SPC/13.

Declaraciones ante el Comité Político Especial de la Asamblea General de las Naciones Unidas, sesión duodécima, sobre el Informe del Organismo de Obras Públicas y Ayudas de las Naciones Unidas para los Refugiados de Palestina en el Oriente Próximo, de:[148]

Mustapha Abdesselam, representante de Túnez ante las Naciones Unidas, 25 de noviembre de 1957.

Ponsonby Moore Crostwaite, CMG, ministro, representante permanente del Reino Unido de Gran Bretaña e Irlanda del Norte ante las Naciones Unidas, 25 de noviembre de 1957.

Dr. Adib Daoudy, representante de Siria ante las Naciones Unidas, 25 de noviembre de 1957.

Su Excelencia George Achatus de Gripenberg, embajador extraordinario y plenipotenciario, representante permanente de Finlandia ante las Naciones Unidas, 25 de noviembre de 1957.

Jacques de Thier, representante de Bélgica ante las Naciones Unidas, 25 de noviembre de 1957.

Su Excelencia Abba Eban, embajador extraordinario y plenipotenciario, representante permanente de Israel ante las Naciones Unidas, 27 de noviembre de 1957.

Su Excelencia Yousef Haikal, embajador extraordinario y plenipotenciario, representante permanente de Jordania ante las Naciones Unidas, 26 de noviembre de 1957.

Dr. Manuel Félix Maurtua, representante de Perú ante las Naciones Unidas, 25 de noviembre de 1957.

Su Excelencia Ahmad al-Shukeiri, ministro de Estado para asuntos de la ONU, representante permanente de Arabia Saudí ante las Naciones Unidas, 20 de noviembre de 1957.

LIBROS Y FOLLETOS[149]

American Zionist Council, *Israel and the Arab Refugees*, Nueva York, 1951.

American Zionist Council, *Israel and the Arab States. The Issues in Dispute. Israel's Frontiers. The Status of Jerusalem. The Arab Refugees,* Nueva York ,1951.

Oficina de Información Árabe, *A Human Disaster. The Arab Refugees, Pamphlets on Arab Affairs* 8, Londres, 1948.

Bonne, Alfred, *State and Economics in the Middle East*, Londres, 1948.

Bonne, Alfred, *Studies in Economic Development. With Special Reference to Conditions in the Underdeveloped Areas in Western Asia and India*, Londres, 1957.

Campbell, John C., *Defense of the Middle East. Problems of American Policy,* Nueva York, 1958.

Coon, Carleton S., *Caravan. The Story of the Middle East,* Nueva York, 1951.

Dunner, Joseph, *The Republic of Israel. Its History and its Promise*, Nueva York, 1950.

Glubb, John B., *A Soldier with the Arabs,* Nueva York, 1957.

Departamento de Asuntos Económicos y Sociales de las Naciones Unidas (UN DESA), *Economic Developments in the*

Middle East 1954-1955, suplemento al Informe sobre la Economía Mundial para el año 1955, documento de la ONU n.º E/2880 ST/ECA/39, Nueva York, 1956.

Departamento de Asuntos Económicos y Sociales de las Naciones Unidas (UN DESA), *Measures for the Economic Development of Underdeveloped Countries,* Informe de un grupo de expertos nombrados por el secretario general de las Naciones Unidas, documento de la ONU n.º E/1986 ST/ ECA/10, Nueva York, 1951.

Alto Comisionado de las Naciones Unidas para los Refugiados, *Survey of the Non-Settled Refugee Population in Various Countries*, Informe del Alto Comisionado de las Naciones Unidas para los Refugiados (ACNUR), abril de 1958.

Humphrey, Hubert H., *The Middle East and Southern Europe. Report of Senator Hubert H. Humphrey on a Study Mission*, Washington D.C., 1957.

Banco Internacional de Reconstrucción y Desarrollo, *The Economic Development of Jordan*, Baltimore, 1957.

Jabotinsky, Vladímir Z., *The War and the Jew*, Nueva York, 1942, en particular el capítulo 18, «The Arab Angle – Undramatised», *ibid.*, pp. 211-222.[150]

Jewish Agency for Palestine, *Arab Refugees. Facts and Figures*, Nueva York, 1949.

Jewish Agency for Palestine, *Resettlement Prospects for Arab Refugees*, Nueva York, 1949.

Keen, Bernard A., *The Agricultural Development of the Middle East*, Londres, 1946.

Knéset, *Divrei Haknesset*, Actas plenarias de la Knéset de 1954, Jerusalén, 1954.

Kulischer, Eugene M., *Europe on the Move. War and Population Changes, 1917-1947*, Nueva York, 1948.

Mezerik, Avrahm G. (ed.), *The Refugee Problem in The Middle East, International Review Service*, vol. 3, n.º 31, Nueva York, 1957.

Middelmann, Werner, *The Problem of Expellees and Refugees in the Federal Republic of Germany*, Bonn, 1957.

Nathan, Robert; Gass, Oscar y Creamer, Daniel, *Palestine. Problem and Promise - An Economic Study*, Washington D. C., 1946.

National Council of the Churches of Christ in the USA, *The Problems of the Arab Refugees*, Nueva York, 1952.

Interventor Superior de Cuentas de Estados Unidos, *Comptroller General Audit Report to Congress, Fiscal Year 1955-1957*, Informe de la Auditoría del Interventor Superior de Cuentas de los años 1955-1957 al Congreso, Washington D. C., mayo de 1958.

Consejo Ecuménico de las Iglesias, *The Arab Refugee Problem. Report from Beirut*, Beirut, 1951.

Consejo Ecuménico de las Iglesias, *Second Report from Beirut*, Ginebra, 1956.

Peretz, Don, *Israel and the Palestine Arabs*, Washington D. C., 1958.

Rees, Elfan, *Century of the Homeless Man*, publicado por Carnegie Endowment for International Peace, *International Conciliation*, n.º 515, Nueva York, 1957.[151]

Schechtman, Joseph B., *The Arab Refugee Problem*, Nueva York, 1952.

Shwadran, Benjamin, *The Middle East, Oil and the Great Powers*, Nueva York, 1955.

Smith, Lawrence H., *The Arab Refugees and Other Problems in the Near East. Report of the Special Study Mission to the Near East comprising Honorable Lawrence H. Smith, Wisconsin, Chairman, and Honorable Winston*

L. Prouty, Vermont, of the Committee on Foreign Affairs of the House of Representatives, Washington D. C., 1954.

Stevens, Georgiana G., *The Jordan River Valley*, Nueva York, 1956.

Stoessinger, John G., *The Refugee and the World Community*, Minneapolis, 1956.

Thicknesse, Sibylla G., *Arab Refugees. A Survey of Resettlement Possibilities*, Londres, 1949.

Vernant, Jacques, *The Refugee in the Post-War World*, New Haven, 1953.

Comisión Económica de las Naciones Unidas para Asia y el Extremo Oriente, *Mobilization of Domestic Capital in Certain Countries of Asia and the Far East*, Bangkok, 1951.

Witkamp, F. Theodore, *The Refugee Problem in the Middle East*, Informe del Grupo de Investigación de los Problemas Migratorios Europeos (REMP), vol. 5, n.º 1, La Haya, enero-marzo de 1957.

ARTÍCULOS, CONFERENCIAS Y REVISTAS

Aubin, W. de St., «Peace and Refugees in the Middle East», en *The Middle East Journal*, vol. 3, julio de 1949, pp. 249-259.

Badre, Albert Y., «A Middle Easterner Looks at Regional Development», transcripción de una ponencia realizada en una conferencia de trabajo sobre evoluciones, objetivos, planes y perspectivas en Oriente Próximo, The Middle East Institute, Washington D. C., enero/febrero de 1958.

Baldwin, Roger N., «The Palestine Refugees», en *Current History*, vol. 33, noviembre de 1957, pp. 295-298.

Baster, James, «Economic Aspects of the Settlement of the Palestine Refugees», en *The Middle East Journal*, vol. 8, invierno de 1954, pp. 54-68.

Baster, James, «Economic Problems in the Gaza Strip», en *The Middle East Journal*, vol. 9, verano de 1955, pp. 323-327.

Bentwich, Norman, «The Arab Refugees», en *Contemporary Review*, vol. 181, mayo de 1952, pp. 270-274.

Bruhns, Fred C., «A Study of Arab Refugee Attitudes», en *Middle East Journal*, vol. 9, primavera de 1955, pp. 30-38.

Castle, Barbara, «Refugee Forever?», en *The Spectator*, vol. 190, 6 de febrero de 1953, p. 144.

Glubb, John B., «Violence on The Jordan-Israel Border. A Jordanian View», en *Foreign Affairs*, vol. 32, julio de 1954, pp. 552-562.

Godsell, Geoffrey, Ofner, Francis, «Arabs, Israelis Scan Future», dos artículos, uno sobre la perspectiva árabe (Godsell) y otro sobre la perspectiva israelí (Ofner), en *The Christian Science Monitor*, vol. 297, 13 de noviembre de 1957, p. 13.

Coate, Winifred A., «The Condition of the Arab Refugees in Jordan», en *International Affairs*, 29 de octubre de 1953, pp. 449-456.

Horton, I. E., «The Arab Refugees», en *The Spectator*, vol. 185, 28 de julio de 1950, p. 116.

Khan, Mizra, «The Arab Refugees. A study in Frustration», en *Midstream*, vol. 2, primavera de 1956, pp. 31-48.

Kirk, G. E., «Some Individual Endeavours to Help the Arab Refugees», en *Journal of the Royal Central Asian Society*, vol. 40, abril de 1953, pp. 117-119.

Koussa, E. N., «Memorandum on Properties Belonging to Arabs Living in Israel», en *Ner* vol. 2, 8 de enero de 1951, pp. 22-24, 13 de julio de 1951, pp. 26-28.

Lehrman, Hal, «What Future for the Arab Refugees», en *Commentary*, vol. 24, septiembre de 1957, pp. 192-203.

Liebling, Abbott J., «Letter from Gaza», en *The New Yorker*, 16 de marzo de 1957, pp. 119-137.

MacInnes, Angus C., «The Arab Refugee Problem», en *Journal of the Royal Central Asian Society*, vol. 36, abril de 1949, pp. 178-188.

Meyer, Albert J., «Development Plans in the Middle East», transcripción de una ponencia realizada en una conferencia de trabajo sobre evolución, objetivos, planes y perspectivas en Oriente Próximo, The Middle East Institute, Washington D. C., enero/febrero de 1958.

N. N., «Middle East – United States. Soviet Cold-War Battleground», en *The New York Herald Tribune*, suplemento especial sobre Oriente Próximo, 17 de noviembre de 1957.

N. N., «Report on the Middle East. A Vital Region in Upheaval», en *The New York Times*, suplemento especial sobre Oriente Medio, 22 de abril de 1957.

Peretz, Don, «Arab Refugees. Whose?», en *Christian Science Monitor*, vol. 283, 28 de octubre de 1957, p. 9.

Peretz, Don, «The Arab Refugee Dilemma», en *Foreign Affairs*, vol. 33, octubre de 1954, pp. 134-148.

Pike, James A., «Key Piece in the Mideast Puzzle», en *The New York Times Magazine*, 19 de mayo de 1957, sección T, p. 7.

Richardson, Channing B., «The Refugee Problem», en *Proceedings of the Academy of Political Science*, vol. 24, enero de 1952, pp. 483-489.

Rubin, Morris H. y Sheridan, Mary (eds.), *The Progressive*, número especial sobre Oriente Próximo, noviembre de 1957.

Sharett, Moshe, «Israel's Position and Problems» en *Jewish Frontier*, vol. 3, mayo de 1952, pp. 133-139.

Stevens, Georgiana G., «The Arab Refugees», en *The Middle East Journal*, vol. 6, verano de 1952, pp. 281-298.

Wheeler, Keith, «Ferment of Nationalism in an Angry Arab World», en *Life*, n.º 13, 1 de abril de 1957, pp. 114-134.

Wheeler, Keith, «Russia's Ominous Thrust Into the Arab World», en *Life*, n.º 14, 8 de abril de 1957, pp. 134-152.[152]

PRINCIPIOS DEL INSTITUTE FOR MEDITERRANEAN AFFAIRS

El Institute for Mediterranean Affairs es una organización independiente y apolítica que se creó para estudiar los problemas fundamentales del Mediterráneo —una zona que está siendo testigo de profundas convulsiones relativas a la integración regional y la aparición de nuevos estados soberanos— con la intención de encontrar y proponer soluciones pacíficas y duraderas a estos problemas.

El propósito directo del Instituto es analizar las tensiones subyacentes en el Mediterráneo Oriental. Se dedica ante todo a realizar estudios sobre las relaciones árabe-israelíes; las características y antecedentes del nacionalismo árabe y el panarabismo; los problemas que plantea la creación de la República de Israel; las necesidades y deseos de los diversos pueblos de la región —sus antecedentes etnológicos y culturales y sus sistemas sociales y políticos— y los problemas fundamentales derivados de la relación de Israel con sus estados vecinos y con las comunidades judías del mundo.

Centra su atención en el estudio del agudo e intolerable dilema de los refugiados palestinos, no solo como problema político, sino también como grave problema humanitario.

Sobre la base de estos estudios, el Instituto aspira a desarrollar un programa de carácter global para el desarrollo económico de la región, orientado al progreso social y la democracia política, en un espíritu de comprensión mutua, responsabilidad internacional y cooperación entre las naciones de esta región.

Los fundadores y representantes del Institute for Mediterranean Affairs esperan que los estudios y recomendaciones aquí recogidos contribuyan, con el apoyo de una opinión pública ilustrada, tanto al bienestar de todos los pueblos del Mediterráneo como a la paz en todo el mundo.

COMITÉ ASESOR[153]

Roger N. Baldwin, presidente de la International League for the Rights of Man.[154]

Prof. Lawrence C. Barrell, director ejecutivo del Mitchell College, New London, Connecticut, Estados Unidos, y profesor de la Long Island University, Nueva York, Estados Unidos.

Peter H. Bergson, banquero de inversiones

Prof. Robert Bierstedt, director del Departamento de Sociología y Antropología del City College of New York, Nueva York, Estados Unidos.

Prof. Werner J. Cahnman, profesor del Departamento de Sociología y Antropología del Hunter College, Nueva York, Estados Unidos, y del Departamento de Ciencias Sociales de la Yeshiva University, Nueva York, Estados Unidos.

Prof. Boris G. Dressler, profesor emérito del Departamento de Economía del City College de Nueva York, Estados Unidos.

Angier B. Duke, presidente del International Rescue Committee (IRC).

Prof. Joseph Dunner, director del Departamento de Ciencias Políticas del Grinnell College, Grinnell, Iowa, Estados Unidos.

Prof. Nasrollah Fatemi, Departamento de Ciencias Sociales, Fairleigh Dickinson University, Madison, Nueva Jersey, Estados Unidos.

Ephraim Fischoff, director ejecutivo de la Fundación Hillel, Yale University, New Haven, Connecticut, Estados Unidos.

Prof. Louis L. Gerson, Departamento de Ciencias Políticas y Relaciones Internacionales, University of Connecticut, Storrs, Connecticut, Estados Unidos.

Prof. Jean Gottmann, Departamento de Ciencias Políticas, París, Francia, Instituto de Estudios Avanzados, Princeton University, Princeton, Nueva Jersey, Estados Unidos.

Oscar Kraines, asesor senior en el estado federal de Nueva York, Estados Unidos.

Prof. Fowler Harper, Departamento de Derecho Internacional, Universidad de Yale, New Haven, Connecticut, Estados Unidos.

Prof. Abba P. Lerner, Departamento de Economía Política, Universidad Roosevelt, Chicago, Illinois, Estados Unidos.

Raphael Malsin, presidente de Lane Bryant Inc.

Samuel Merlin, coordinador de investigación del Institute for Mediterranean Affairs.

Prof. Allan Nevins, The Huntington Library, San Marino, California, Estados Unidos.

Arzobispo James A. Pike, coadjutor, diócesis de California, San Francisco, California, Estados Unidos.

Richard R. Salzmann, vicepresidente ejecutivo del Institute for Mediterranean Affairs.

Jay Marc Schwamm, presidente de la American Trust Company.

Harry Louis Selden, editor y consultor.

Dr. Leon Solis-Cohen, médico y activista de los derechos civiles.

J. David Stern, editor (jubilado).

Alexander Wilf, industrial y editor.

CONSEJO

Prof. Nasrollah Fatemi

Prof. Fowler Harper

Prof. Abba P. Lerner

VICEPRESIDENCIA DE LA COMISIÓN

Victor House, asesor jurídico.

Richard R. Salzmann, vicepresidente ejecutivo.

Jay Marc Schwamm, tesorero.

Samuel Merlin, coordinador de investigación.

Max Gilman, editor.

COMITÉ DE PATROCINADORES

Prof. Robert J. Alexander, Departamento de Ciencias Políticas, Universidad Rutgers, New Brunswick, Piscataway, Newark y Camden, Nueva Jersey, Estados Unidos.

Dr. Raymond B. Allen, rector de la Universidad de California, Oakland, California, Estados Unidos.

Dr. A. Asfour, profesor de Literatura Oriental, Universidad de Uppsala, Suecia.

Prof. Roscoe Baker, Departamento de Historia y Ciencias Sociales, Universidad de Maryland, College Park, Maryland, Estados Unidos.

Prof. Denis A. Baly, Kenyon College, Gambier, Ohio, Estados Unidos.

Dr. Gunther Beijer, secretario general del Grupo de Investigación sobre Problemas Migratorios Europeos y editor, La Haya, Países Bajos.

Prof. Aaron Bell, Departamento de Ciencias Políticas, New School for Social Research, Nueva York, Estados Unidos.

Hon. William S. Bennet.

General de Brigada Herman Beukema, profesor del Departamento de Ciencias Sociales y director del Programa de Intercambio, Universidad de Maryland, College Park, Maryland, Estados Unidos.

Prof. Morris Budin, Departamento de Economía, Syracuse University, Syracuse, Nueva York, Estados Unidos.

Prof. James M. Burns, Departamento de Ciencias Políticas, Williams College, Williamstown, Massachusetts, Estados Unidos.

Prof. S. C. Cappannari, Departamento de Ciencias Sociales y Antropología, Wayne State University, Detroit, Michigan, Estados Unidos.

Prof. Edward W. Carter, Departamento de Ciencias Políticas, University of Pennsylvania, Filadelfia, Pennsylvania, Estados Unidos.

H. Richard Chew, analista, Gobierno de Estados Unidos.

Prof. Samuel I. Clark, Departamento de Ciencias Políticas, Western Michigan University, Kalamazoo, Michigan, Estados Unidos.

Dr. Wilhelm Classen, Múnich.

Dr. Samuel DuBois Cook, director del Departamento de Ciencias Políticas, Atlanta University, Atlanta, Georgia, Estados Unidos.

Dr. Martha L. Corry, Departamento de Ciencias Sociales, New York State Teachers College at Oneonta, Oneonta, Nueva York, Estados Unidos.

Prof. Andrew N. Cruikshanks, director del Departamento de Ciencias Políticas, California Polytechnic State College, San Luis Obispo, California, Estados Unidos.

Prof. Vattel E. Daniel, decano, Graduate College, Alabama State College, Montgomery, Alabama, Estados Unidos.

Prof. Gottfried S. Delatour, Departamento de Ciencias Sociales y Antropología, Hunter College, Nueva York, Estados Unidos.

Prof. Louis H. Douglas, Departamento de Ciencias Políticas, Kansas State College of Agriculture and Applied Science, Manhattan, Kansas, Estados Unidos.

Senador Paul H. Douglas, Senado de Estados Unidos.

Josiah E. DuBois jr., letrado.

Prof. Kathleen E. Dunlop, Departamento de Economía, Hollins College, Roanoke, Virginia, Estados Unidos.

Prof. Cortez A. M. Ewing, Departamento de Ciencias Políticas, University of Oklahoma, Norman, Oklahoma, Estados Unidos.

Dr. Victor C. Ferkiss, Departamento de Ciencias Políticas, Saint Mary's College of California, Moraga, California, Estados Unidos.

Prof. Michael J. Flack, Departamento de Ciencias Políticas, Vassar College, Poughkeepsie, Nueva York, Estados Unidos.

Dr. Bruno Foa, economista.

Waldo Frank, escritor.

Prof. W. Friedmann, director del Departamento de Investigación de Derecho Internacional, Columbia University, Nueva York, Estados Unidos.

Prof. Carl J. Friedrich, Departamento de Ciencias Políticas, Harvard University, Cambridge, Massachusetts, Estados Unidos.

Prof. James R. Garner, director del Departamento de Ciencias Políticas, Bethany Nazarene College, Bethany, Oklahoma, Estados Unidos.

Prof. John H. Gauntlett, Departamento de Ciencias Políticas, University of North Carolina, Chapel Hill, North Carolina, Estados Unidos.

Prof. Robert L. Gill, Departamento de Historia y Ciencias Políticas, Morgan State College, Baltimore, Maryland, Estados Unidos.

Robert A. Goldwin, director de investigación, American Foundation for Political Education (AFCE), Chicago, Illinois, Estados Unidos.

Prof. Cullen B. Gosnell, Departamento de Ciencias Políticas, Emory University, Atlanta, Georgia, Estados Unidos.

Prof. Feliks Gross, Departamento de Sociología, Brooklyn College, Nueva York, Estados Unidos.

Prof. Jay V. Groves, Departamento de Ciencias Políticas, Potomac State College, Keyser, West Virginia, Estados Unidos.

Dr. Werner F. Grunbaum, Departamento de Ciencias Políticas, University of Houston, Houston, Texas, Estados Unidos.

Prof. Rufus G. Hall jr., director de Departamento de Ciencias Políticas, University of Oklahoma, Norman, Oklahoma, Estados Unidos.

Prof. Heber R. Harper II, Departamento de Ciencias Políticas, Dickinson College, Carlisle, Pennsylvania, Estados Unidos.

Prof. Carroll Hawkins, Departamento de Ciencias Políticas, Michigan State University, East Lansing, Michigan, Estados Unidos.

Prof. Samuel Hendel, director del Departamento de Ciencias Políticas, City College of New York, Nueva York, Estados Unidos.

Prof. Louise W. Holborn, Departamento de Ciencias Políticas, Connecticut College, New London, Connecticut, Estados Unidos.

Nathan G. Horwitt, diseñador industrial.

Victor House.

Prof. Asher Isaacs, director del Departamento de Ciencias Económicas, University of Pittsburgh, Pittsburgh, Pennsylvania, Estados Unidos.

Prof. John Ise, Departamento de Ciencias Económicas, University of Kansas, Lawrence, Kansas, Estados Unidos.

Prof. Eri Jabotinsky, Technion, Universidad Técnica de Israel, Haifa, Israel.

George J. Jennings, Departamento de Ciencias Políticas, Bethel College, North Newton, Kansas, Estados Unidos.

Prof. Ned V. Joy, Departamento de Ciencias Políticas, San Diego State College, San Diego, California, Estados Unidos.

Prof. Vladas Juodeika, Departamento de Ciencias Políticas, University of Portland, Portland, Oregon, Estados Unidos.

Prof. Morton A. Kaplan, Departamento de Ciencias Políticas, University of Chicago, Chicago, Illinois, Estados Unidos.

Prof. Charles D. Kenney, Departamento de Relaciones Internacionales, Michigan State University, East Lansing, Michigan, Estados Unidos.

Leon Keyserling, economista y presidente de la Conference on Economic Progress (CEP).

Prof. Anna E. King, Departamento de Trabajo Social, Fordham University, Nueva York, Estados Unidos.

Dr. J. Donald Kingsley, Administrador de los Fondos de reparación de los Aliados y director ejecutivo del Welfare & Health Council, Nueva York.

Philip Klein, presidente del Harcum Junior College, Bryn Mawr, Pennsylvania, Estados Unidos.

Prof. Milton R. Konvitz, Facultad de Derecho, New York State School of Industrial and Labor Relations at Cornell University Ithaca, Nueva York, Estados Unidos.

Dr. Aaron Kope.

Prof. Allan S. Kuusisto, Departamento de Ciencias Políticas, University of New Hampshire, Durham, New Hampshire, Estados Unidos.

Prof. Reginald D. Lang, Departamento de Relaciones Internacionales, Carleton College, Northfield, Minnesota, Estados Unidos.

Prof. Leonard A. Lecht, Departamento de Ciencias Económicas y Sociología, Long Island University, Nueva York, Estados Unidos.

Prof. Charles O. Lerche jr., Departamento de Ciencias Políticas, Emory University, Atlanta, Georgia, Estados Unidos.

Prof. Daniel Lerner, Departamento de Psicología Social y Departamento de Relaciones Internacionales, Massachusetts Institute of Technology, Cambridge, Massachusetts.

Prof. Eugene Liggitt, Departamento de Sociología, Grove City College, Grove City, Pennsylvania, Estados Unidos.

Dr. Lewis L. Lorwin, Departamento de Ciencias Económicas, New School for Social Research, Nueva York, Estados Unidos.

Marshall MacDuffie, letrado.

Prof. Simon Marcson, Departamento de Sociología, Rutgers University, New Brunswick, Piscataway, Newark y Camden, Nueva Jersey, Estados Unidos.

Prof. Aaron M. Margalith, director del Departamento de Ciencias Políticas, Yeshiva University, Nueva York, Estados Unidos.

Dr. Alfred G. Meyer, Departamento de Ciencias Políticas, Michigan State University, East Lansing, Michigan, Estados Unidos.

Prof. Leonard W. Moss, Departamento de Sociología, Wayne State University, Detroit, Michigan, Estados Unidos.

Prof. Frank Munk, Departamento de Ciencias Políticas, Reed College, Portland, Oregon, Estados Unidos.

Prof. Eric H. Olson, director del Departamento de Ciencias Políticas, Carthage College, Carthage, Illinois, Estados Unidos.

Prof. A. Pais, Departamento de Estudios Avanzados, Princeton University, Princeton, Nueva Jersey, Estados Unidos.

Dr. Benjamin R. Payn.

D. B. Pettingill, Goucher College, Baltimore, Maryland, Estados Unidos.

Dr. Mojmír Povolný, Departamento de Relaciones Internacionales, Lawrence University, Appleton, Wisconsin, Estados Unidos, y director del programa de intercambio de estudiantes del American Friends Service Committee (AFSC).

Victor Ratner.

Prof. S. Grover Rich jr., Departamento de Ciencias Políticas, University of Utah, Salt Lake City, Utah, Estados Unidos.

Prof. Heinrich A. Rommen, Departamento de Ciencias Políticas, Georgetown University, Georgetown, Washington D. C., Estados Unidos.

Dr. Joachim O. Ronall.

Prof. Eva Rosenfeld, Departamento de Sociología, New York University, Nueva York, Estados Unidos.

Herbert Salzmann.

Prof. Walter Sandelius, Departamento de Ciencias Políticas, University of Kansas, Lawrence, Kansas, Estados Unidos.

Prof. F. B. Schick, Departamento de Ciencias Políticas, University of Utah, Salt Lake City, Utah, Estados Unidos.

Prof. Charles P. Schleicher, Departamento de Ciencias Políticas, University of Oregon, Eugene, Oregon, Estados Unidos.

Prof. Gerhard Schmidt, Departamento de Ciencias Económicas, Fairleigh Dickinson University, Madison, Nueva Jersey, Estados Unidos.

Sra. James Schramm.

Prof. Paul Seabury, Departamento de Ciencias Políticas, University of California, Oakland, California, Estados Unidos.

Ben Seligman.

Dr. Gilbert Shapiro, Departamento de Sociología, Oberlin College, Oberlin, Ohio, Estados Unidos.

Dr. Irving Shendell.

Dr. J. David Singer, Departamento de Relaciones Sociales, Harvard University, Cambridge, Massachusetts, Estados Unidos.

Prof. Phillip L. Sirotkin, Departamento de Ciencias Políticas, Wellesley College, Wellesley, Massachusetts, Estados Unidos.

Prof. Anthony Stampolis, Departamento de Economía Política, Georgia State College of Business Administration, Atlanta, Georgia, Estados Unidos.

Julian J. Steen, decano de la Chicago School for Adults, Chicago, Illinois, Estados Unidos.

Dr. Peter G. Stercho, Departamento de Ciencias Económicas, Saint Vincent College, Latrobe, Pennsylvania, Estados Unidos.

Prof. John G. Stoessinger, Departamento de Ciencias Políticas, Hunter College, Nueva York, Estados Unidos.

Prof. A. L. Strand, presidente del Oregon State College, Corvallis, Oregon, Estados Unidos.

Prof. William L. Strauss, Departamento de Ciencias Políticas, Arizona State College, Tempe, Arizona, Estados Unidos.

Dr. Sidney C. Sufrin, Departamento de Ciencias Económicas, Syracuse University, Syracuse, Nueva York, Estados Unidos.

Prof. Edward Taborsky, Departamento de Ciencias Políticas, University of Texas, Austin, Texas, Estados Unidos.

Prof. Julian Towster, Departamento de Ciencias Políticas, University of California, Oakland, California, Estados Unidos.

Prof. Manfred C. Vernon, Departamento de Ciencias Políticas, University of Alabama, Tuscaloosa, Alabama, Estados Unidos.

Prof. Harold M. Vinache, Departamento de Ciencias Políticas, University of Cincinnati, Cincinnati, Ohio, Estados Unidos.

Prof. Douglas Waples, Departamento de Ciencias Sociales, University of Chicago, Chicago, Illinois, Estados Unidos.

Prof. M. Bradford Westerfield, Departamento de Ciencias Políticas, Yale University, New Haven, Connecticut, Estados Unidos.

Prof. Vincent H. Whitney, Departamento de Sociología, Brown University, Providence, Rhode Island, Estados Unidos.

Prof. John B. Whitton, Departamento de Derecho Internacional, Princeton University, Princeton, New Jersey, Estados Unidos.

Prof. John R. Williams, Departamento de Ciencias Políticas, West Virginia University, Morgantown, West Virginia, Estados Unidos.

Louis Yampolsky.

Michel Yardney, Presidente de la Yardney Engineering Corporation.

Rabbi Edward Zerin, Des Moines, Iowa, Estados Unidos.

SOBRE ESTA EDICIÓN

———————

Thomas Meyer

BREVES BIOGRAFÍAS DE LOS
MIEMBROS DE LA COMISIÓN

Hannah Arendt
Véase el epílogo.

Lawrence L. (Lionel) Barrell (1922-2017)
Doctor por la Universidad de Nueva York y posteriormente veterano condecorado de la guerra de Corea, fue
rector de varias universidades, miembro de comités de
ayuda al desarrollo de las Naciones Unidas y del consejo
del American College de Jerusalén. Barrell estuvo estrechamente vinculado al Institute for Mediterranean
Affairs.

Werner J. (Jacob) Cahnman (1902-1980)
Nacido en Múnich y doctor en Ciencias Políticas y Económicas, trabajó en diversas instituciones antes de ser deportado al campo de concentración de Dachau en 1938 y
liberado al poco tiempo. Un año después, Cahnman se
trasladó a Estados Unidos. Allí se ocupó de la sociología
del judaísmo en numerosas publicaciones.

Boris G. Dressler (?-1978)
No se conoce prácticamente nada de Dressler. Enseñó
economía en el City College de Nueva York durante vein-
tiséis años, hasta 1956, donde investigó, entre otros temas,

la situación económica de la Unión Soviética. Se retiró de la vida profesional en 1956 debido a una enfermedad.

Joseph Dunner (1908-1978)
Nacido como Josef Dünner en Fürth, en 1933 emigró vía Suiza a Estados Unidos, donde este politólogo doctorado en Basilea enseñó por última vez en la Yeshiva University de Nueva York. Fue uno de los oficiales estadounidenses que promovieron decisivamente la fundación del *Süddeutsche Zeitung*.

Nasrollah Fatemi (1909-1990)
Hermano del ministro de Asuntos Exteriores iraní, Dr. Hossein Fatemi (1917-1954) —que fue ejecutado tras un golpe de Estado contra el Gobierno democráticamente elegido de Mohammad Mossadegh (1880/82?-1967), apoyado por Estados Unidos y Gran Bretaña—, trabajó con las Naciones Unidas y la UNESCO después de trasladarse a Estados Unidos en 1946. Este respetado politólogo enseñó en la New School de Nueva York y en la Universidad de Princeton, y más tarde, durante muchos años, en la Universidad Fairleigh Dickinson (Teaneck, Nueva Jersey). En particular, su estudio *Oil Diplomacy: Powderkeg in Iran* (Nueva York, 1954) atrajo la atención internacional. Sus memorias en tres volúmenes, escritas en persa, se consideran uno de los documentos epocales más importantes del Irán moderno.

Ephraim Fischoff (1904-1999)
Fischoff, de familia religiosa, participó desde su juventud en numerosas organizaciones judías. En 1942, el futuro médico se doctoró en la New School de Nueva York y posteriormente enseñó en numerosos institutos y universidades. En 1982 se le concedió el doctorado honoris causa en el seminario

rabínico liberal de Cincinnati. Fischoff se implicó muy pronto en la problemática de los refugiados.

Fowler Vincent Harper (1897-1965)

Harper, profesor de la Facultad de Derecho de Yale, era conocido por sus numerosos libros de texto jurídicos, ampliamente difundidos, y por su vehemente defensa ante los tribunales de los derechos democráticos básicos, en particular la libertad de expresión. Este devoto cristiano también apoyó a los periódicos comunistas. A partir de 1947, fue vicepresidente de la American League for a Free Palestine, que también estaba comprometida con la fundación del Estado de Israel y la solución del problema de los refugiados en Oriente Próximo.

Oscar Kraines (1916-2004)

Kraines había sido miembro del movimiento juvenil de izquierdas Hashomer Hatzair (Jóvenes Guardianes) desde la década de 1930, y en 1940 entrevistó a Zeev Jabotinsky, que se situaba en el otro extremo del espectro político. A partir de entonces, el que más tarde sería profesor de la Facultad de Derecho de Nueva York investigó sobre Israel, país sobre el que escribió varios libros, entre ellos *Israel: The Emergence of a New Nation* (Washington, 1954) y *Government and Politics in Israel* (Boston, 1961).

Abba P. (Ptachya) Lerner (1903-1982)

Nacido en Besarabia, Lerner llegó a Londres a los nueve años. El que más tarde sería un famoso economista, cuyo nombre está asociado a varios teoremas, se formó en la London School of Economics. Su principal obra, *The Economics of Control* (Nueva York, 1944), suscitó fuertes controversias hasta la década de 1980. Lerner, residente en Estados Unidos desde 1937, fue asesor de varios ministerios israelíes y del

Banco de Israel de 1953 a 1956. Estuvo estrechamente vinculado al Institute for Mediterranean Affairs de 1956 a 1958.
Junto con Samuel Merlin, Lerner fue el promotor, y también
el director, del estudio (véase el epílogo).

Raphael Malsin (1900-1996)
La familia de Malsin era propietaria de la empresa de ropa
femenina Lane Bryant, fundada en 1904, que él también diri-
gió durante décadas. Tanto por parte de madre como de padre,
había importantes mecenas comprometidos con las causas judías en Estados Unidos e Israel. La madre de Malsin, la dise-
ñadora Lena Himmelstein, llegó a ser bastante conocida.

Samuel Merlin (1910-1994)
Véase el epílogo.

Don Peretz (1922-2017)
Nacido en Baltimore, Peretz era el mejor conocedor de la
situación política de Palestina e Israel entre los miembros del
comité. El día de su llegada a Palestina, el 22 de julio de
1946, el grupo Irgun voló el Hotel Rey David, matando a
unas cien personas. Su libro *Israel and the Palestine Arabs*
(Washington, 1958), publicado inmediatamente antes del
estudio, se consideró durante mucho tiempo la obra de referencia sobre el problema de los refugiados palestinos. Hasta
1990, publicó otras monografías y unos trescientos artículos
sobre Israel y los territorios palestinos.

Joachim O. (Otto) Ronall
(nombre real, Joachim Otto Rosenthal) (1912-1979)
Nacido en Kassel, participó en el sionismo desde su juventud y en 1934 se doctoró en Derecho en Marburgo. Emi-

gró a Palestina en 1934, donde ocupó puestos directivos en bancos y en el servicio diplomático. Trabajó como agregado económico en varios países, entre ellos Japón. Sus intereses de investigación se centraron en Oriente Próximo y, de modo especial, en los bancos de la región.

Richard R. Salzmann (1920-1989)
Salzmann fue responsable de las publicaciones del Research Institute of America, especializado en temas fiscales. Este experto en finanzas y fiscalidad fue también director y vicepresidente temporal del International Rescue Committee, fundado en 1933 a sugerencia de Albert Einstein y centrado inicialmente en ayudar a los refugiados procedentes de Alemania. En el Institute for Mediterranean Affairs se ocupó de los contactos con otras organizaciones judeo-americanas.

Harry Louis Selden (1908-2004)
A lo largo de su vida, Selden estuvo comprometido con los American Friends of a Jewish Palestine, grupo que promovió la fundación del Estado de Israel a partir de la década de 1940. Anteriormente trabajó para la revista *Newsweek*, entre otras. Fue miembro de los Bergson Boys (véase el epílogo) y recaudó dinero para la introducción de judíos de Europa en Palestina.

John G. (George) Stoessinger (1927-2017)
Nacido en Viena, Stoessinger pudo finalmente huir a Shanghái a través de Praga, la Unión Soviética y Japón. En Estados Unidos, este politólogo y experto en cuestiones relacionadas con los refugiados (*The Refugee and the World Community*, Minnesota, 1956) enseñó en la Universidad de Harvard y otros centros. De 1967 a 1974 fue Acting Director del Departamento de Asuntos Políticos de las Naciones Unidas.

AGRADECIMIENTOS

Mi primer agradecimiento es para Ayala Paz y Rebecca Kook, profesoras de la Ben Gurion University of the Negev en Beer Sheva. Sin su análisis de los planteamientos de Hannah Arendt y Peter Bergson sobre el problema de los refugiados palestinos y los apátridas, publicado en 2021, este libro no existiría.

Estoy muy agradecido a Ino Augsberg (Universidad Christian Albrecht de Kiel), Jacob Heisler (American Jewish Archives at Hebrew Union College, Cincinnati) y a John McCormick (Universidad de Chicago) por facilitarme los dos textos aquí reproducidos.

Felicitas von Lovenberg, editora de la editorial Piper en Múnich, y Michael Gaeb (Literarische Agentur Gaeb & Eggers, Berlín) me animaron primero y me apoyaron después en la publicación del volumen.

Y muy agradecido estoy también a Mike Hiegemann por su acertada traducción, por sus comentarios sobre el texto y, no menos importante, por las conversaciones que mantuve con él, que me facilitaron el trabajo en el epílogo.

Sin mi revisora editorial Esther Feustel, este libro tampoco habría salido adelante.

THOMAS MEYER
Berlín, mayo de 2024

EPÍLOGO

1. LOS TEXTOS

Los dos textos que aquí se editan están asociados de formas muy distintas a Hannah Arendt. El primero, un análisis de la política estadounidense en Palestina que escribió en alemán en 1944, ha pasado inadvertido en un archivo durante ochenta años y se publica ahora por primera vez. El ensayo «La política exterior estadounidense y Palestina» iba a aparecer originalmente en *Contemporary Jewish Record*, la revista del Comité Judío Estadounidense, pero no llegó a publicarse.

Muy distinto es el caso del segundo texto: Arendt nunca dijo una palabra sobre su colaboración en el informe «The Palestine Refugee Problem. A New Approach and a Plan for a Solution», iniciado en 1958 por el New Yorker Institute for Mediterranean Affairs. Arendt solo envió una copia a su íntimo confidente Karl Jaspers, y «El problema de los refugiados de Palestina. Un nuevo enfoque y un plan de solución», título de nuestra traducción, se asoció una única vez a Arendt en la recepción contemporánea. Fue en la *MB. Mitteilungsblatt*, publicada en alemán en Tel Aviv, que mencionó a la teórica política Arendt en una nota preliminar. El motivo era la reproducción precisa y detallada de las ideas centrales del colectivo de autores de diecisiete miembros del *MB* por parte de Abba P. Lerner, presidente del comité. El texto, que también se imprime aquí, puede servir de introducción al informe.

Solo llegué a conocer todas las conexiones expuestas en el epílogo como parte de una investigación suscitada por mi lectura accidental del artículo de 2021 «Yearning for a Home: Peter Bergson and Hannah Arendt on the Palestinian Refugee Problem», de Ayala Paz y Rebecca Kook, a mediados de noviembre de 2023.[1] Las dos politólogas, que enseñan en la Ben Gurion University of the Negev in Beer Sheva, fueron las primeras en mencionar al mismo tiempo el informe y a Arendt después de la *MB* y de relacionar sus posturas.

Así pues, este volumen ofrece dos novedades que no solo amplían significativamente nuestro conocimiento de la relación de Arendt con Israel, Palestina y la cuestión de los refugiados, sino que también ofrecen perspectivas de los debates que no tienen en cuenta los historiadores que estudian la fundación del Estado israelí y los conflictos y guerras asociados ni tampoco los analistas de posibles órdenes pacíficos en Israel y Palestina.[2]

Mientras que el ensayo testimonia el intenso compromiso de Arendt con la política estadounidense y la situación en Oriente Próximo y muestra, una vez más, y en este caso de forma particularmente manifiesta, hasta qué punto sus análisis se basan en categorías históricas y políticas, el segundo texto puede caracterizarse —a pesar de todo el escepticismo sobre el término— como una «primicia». Está claro que en 1958 Arendt ya no quería limitarse a hacer un mero análisis de la situación en Israel y de los territorios palestinos y los países árabes, sino que por primera y única vez unió sus fuerzas a las de otros para encontrar una solución. Al hacerlo, fue mucho más lejos que la Arendt crítica de la situación que se convirtió en una pensadora de la paz estable. No con planes de altos vuelos, que carecerían de base jurídica, económica o política, sino en colaboración con expertos y con el objetivo de dejar claro que era posible encontrar una solución al problema central de Oriente Próximo y mucho más allá.

2. «LA POLÍTICA EXTERIOR ESTADOUNIDENSE Y PALESTINA»

Hannah Arendt comenzó a interesarse por la situación de judíos y árabes en Palestina tras su primer viaje a Haifa y Jerusalén y su visita a varios kibbutzim a principios del verano de 1935 como parte de su trabajo en la Aliá Infantil y Juvenil. Nacida en Linden, cerca de Hannover, en 1906, Arendt vivía exiliada en París desde 1933 con su marido, el filósofo Günther Stern. A partir de 1936 estuvo con Heinrich Blücher, con quien se casó en la capital francesa en 1940.[3]

Tras su huida de Francia a Lisboa y su llegada a Nueva York en mayo de 1941, el comienzo del exterminio sistemático de los judíos europeos en la propia Europa y los debates, cada vez más intensos, sobre un «hogar nacional» judío en Palestina fueron los temas centrales de la labor periodística de Arendt. En particular, sus artículos en el periódico *Der Aufbau*, fundado por emigrantes judíos de Alemania, documentan la importancia de los dos temas, mientras que en sus textos académicos trató de comprender el camino que condujo a aquellos acontecimientos.[4]

El primer texto de Arendt en Estados Unidos apareció el 24 de octubre de 1941: un artículo en *Aufbau*.[5] Al año siguiente aparecieron dos textos en inglés: una breve reseña en la *Review of Politics*, que había fundado un amigo, el politólogo Waldemar Gurian, que enseñaba en la Universidad

Católica de Notre Dame. También estaba el ensayo de cuarenta y cinco páginas «From the Dreyfus Affair to France Today», que Arendt escribió en alemán. Fue este texto el que la dio a conocer en los círculos intelectuales de Nueva York y contribuyó a allanar su futuro camino. El análisis publicado en *Jewish Social Studies* dio mucho que hablar y llevó a no pocas revistas y organizaciones judías a solicitar la colaboración de Arendt. A partir de 1943, Arendt estuvo, como suele decirse en Estados Unidos, *busy*.

En ninguna parte puede rastrearse todo esto con tanta precisión como en la correspondencia con Gurian. Casi todas las cartas de Arendt están llenas de ideas, planes, tesis y juicios claros. Así, la carta del 29 de marzo de 1944 a Gurian no contiene nada especial a primera vista:

> En las últimas semanas he escrito varios artículos —menores— para revistas inglesas y yiddish.[6] (Sobre la emigración alemana, sobre el movimiento clandestino judío, etc.)[7] Siempre había esperado encontrar tiempo. Mientras tanto, sin embargo, ha comenzado este asunto de Palestina, y estoy escribiendo de nuevo memorandos para el American Jewish Committee y artículos para el Contemporary Jewish Record.[8] Esto, junto con las reseñas asociadas, junto con el presupuesto, etc.; realmente no sé cuándo.

En cuanto a la colaboración con el American Jewish Committee, organización fundada en noviembre de 1906 a raíz de los pogromos en Rusia, Adolph S. Oko era el centro de atención.

Arendt mantuvo una breve y confiada colaboración con Oko, archivero, bibliotecario, conocedor de Spinoza y, no menos importante, editor de varias revistas interesadas en posturas heréticas. Cuando, en 1942, Oko se hizo cargo de la dirección de la revista *Contemporary Jewish Record*, se puso en contacto con Arendt. Había seguido su carrera y leído lo que escribía en *Aufbau*, pero también en *Menorah*. Le impresionaron sus posturas claras y la valentía con que criticaba las decisiones del Gobierno estadounidense, de destacados miembros del Senado y la Cámara de Representantes o de funcionarios sionistas, y solía presentar contrapropuestas.

Por ello no fue del todo sorprendente que Oko recurriera a Arendt cuando se supo que la Resolución 247 «National Home for Jewish People in Palestine» (Un hogar nacional para los judíos en Palestina), presentada el 1 de febrero de 1944 por los dos influyentes senadores Robert A. Taft y Richard F. Wagner, no saldría adelante.[9] Hacia la primavera, quedó finalmente claro que la resolución no tenía ninguna posibilidad de aplicarse; las preocupaciones militares y las enérgicas protestas de los países y las organizaciones árabes hicieron que se remitiera a comités especializados, donde fue «archivada» y terminó desvaneciéndose. Salió a la luz en diversas discusiones el hecho de que el presidente estadounidense Franklin D. Roosevelt, así como influyentes políticos de exteriores de ambos partidos, albergaban grandes reservas. La decisiva sección final de la resolución decía lo siguiente:

> Que Estados Unidos utilizará sus buenos oficios y tomará las medidas apropiadas para abrir las puertas de Palestina a la libre entrada de judíos en ese país y exista la posibilidad de colonización para que el pueblo judío pueda finalmente hacer de Palestina una comunidad judía libre y democrática.[10]

Oko quiso arrojar luz sobre estos importantes acontecimientos. Veía su revista como un foro de debate y decidió publicar dos opiniones. Además de Arendt, pidió la colaboración del destacado sionista estadounidense Emanuel Neumann. Nacido en la hoy letona ciudad de Libau y residente en Estados Unidos desde su infancia, había ocupado puestos de responsabilidad en numerosas organizaciones sionistas desde la década de 1910, muchas de las cuales había cofundado. Fue elegido dos veces presidente de la Zionist Organization of America (ZOA). En 1943, Neumann elaboró un programa de inversión de unos doscientos millones de dólares para instalaciones de regadío en el valle del Jordán.

Su texto en *Menorah* estaba plenamente conforme con la postura diplomática del American Jewish Committee, que envió un memorándum al influyente Comité de Asuntos Exteriores. El memorándum afirmaba en un punto crucial:

> Debido a las condiciones de la guerra y a las diferentes opiniones sobre la estructura política final de Palestina, la disposición de la resolución que pedía el establecimiento de una Commonwealth judía fue sustituida por la exigencia de un fideicomiso internacional bajo la autoridad de las Naciones Unidas.[11]

El 5 de mayo de 1944, Arendt y Neumann presentaron sus textos. El artículo de Arendt contenía material explosivo. Ya la primera frase iba en contra de la línea de las organizaciones judías. Hablaba de un «duro golpe» para el «pueblo judío», que también iba dirigido contra todos los «ciudadanos estadounidenses que se preocupan por la causa de la libertad y la seguridad de las naciones pequeñas». El artículo, escrito en alemán y traducido al inglés por ella misma, según una nota manuscrita de Oko, y luego revisado a fondo dos veces, demuestra la intensidad con que Arendt abordó el problema de la construcción de la nación por parte judía.

En este texto, Arendt pretendía algo fundamental. Si bien era tarea del Gobierno estadounidense no poner en peligro con sus decisiones el suministro de petróleo por Arabia Saudí, no lo era menos solidarizarse con los más de cinco millones de personas de «ascendencia judía» en Estados Unidos que se preocupaban por la vida de los judíos europeos. Arendt temía que la locura de una expertocracia supuestamente «realista», que llevaba siglos sofocando la voluntad de los pueblos en Europa señalando su falta de conocimientos, se instalara en Estados Unidos.

Según Arendt, la resolución responde en realidad a la mejor tradición estadounidense de ejercer influencia sobre otros países cuando la libertad y la igualdad están en peligro. Mientras que el petróleo, o bien no llegaría a suministrarse debido a un levantamiento a pesar de «todas las concesiones», o bien podría sustituirse mediante procesos «sintéticos», la decisión de construir un oleoducto provocaría una catástrofe irreversible. Pues esta decisión dejaba bien claras las manifiestas aspiraciones de poder en la región.

Resulta sorprendente hasta qué punto Arendt se basa en la historia estadounidense para articular su argumentación y extrae de ella principios para la política. Una sociedad de inmigrantes en la que han confluido, «oleada tras oleada», personas de todas las partes del mundo tiene que llevar esta diversidad al exterior. La política exterior debe reflejar la constitución interna del país. El Departamento de Estado, por el contrario, considera ahora cada interés particular de las comunidades de inmigrantes como una interferencia con los intereses estadounidenses y actúa de forma cada vez más monolítica con la pretensión de representar a todo Estados Unidos. Pero la contraposición entre un interés particular y los intereses generales de Estados Unidos no existe en este caso

concreto, ya que el esfuerzo militar para proteger y, en caso
necesario, hacer que se cumplan los suministros de petróleo
no entra en esta cuestión, pero sí el conflicto militar por el
establecimiento de una Commonwealth judía.

De ese modo se ejecuta una política cuyo modelo Arendt
encontraba en Gran Bretaña. Para los británicos, tanto árabes como judíos eran meros «pueblos coloniales» que debían
ser tratados como tales. En definitiva, esto significaba que lo
prioritario no eran los intereses políticos, sino los económicos, que en este caso se resumían en una palabra: «petróleo».
Un hecho que los árabes capitalizaron. Inglaterra, que tiene
una tradición colonial en la región y no hace más que seguir-
la, podría dar una lección a Estados Unidos. El recién llegado
Estados Unidos podría infundir confianza a la población y
establecerse así como un verdadero socio. La prioridad con-
cedida a la política favorable al petróleo se justifica también
por la construcción de un oleoducto, cuyo éxito no debe im-
pedirse. «Pocas semanas después de que la resolución contra
el Libro Blanco fuera sacrificada en aras de los intereses de
un futuro oleoducto, la construcción del oleoducto ya era totalmente cuestionable».

Esto dejó claro a Arendt que los intereses de Estados
Unidos eran «particulares» y «efímeros», y no servían a la
«nación» en su conjunto. Arendt dio aquí un paso decisivo:
la forma moderna del clásico principio del *divide et impera*
no es inalterable; quien tiene el poder lo comparte. Si hoy se
favorece a los árabes, mañana podría ser a los judíos en Palestina. La región caería por completo en las esferas y los juegos
de poder de las grandes potencias, donde los pueblos se con-
vertirían en apoderados de los intereses de otros, y la realización de sus propios intereses dependería del bienestar de los
demás o habría que pagar algún precio por ella. Pero esto

agravaría el conflicto, ya que siempre se reclamaría internacionalmente que las respectivas potencias garantes apoyaran a «su» parte. El actual conflicto judeo-árabe no es nada comparado con lo que cabría esperar en este caso. En lugar de la injerencia de otras potencias, Arendt recomendaba una «cooperación» de las potencias mediterráneas.

El texto contiene *in nuce* los argumentos posteriores de Arendt. En ningún momento se opuso de plano a la fundación del Estado de Israel, como afirman falsamente tanto sus partidarios como sus enemigos; se opuso a una fundación del Estado de Israel, que, en la situación histórica concreta, solo podría llevarse a cabo forzosamente en las condiciones de dependencia de una potencia garante, de cuyo continuo interés y continua solidaridad dependería todo en el futuro.

Sin embargo, el artículo no llegó a publicarse. Esto no solo se debió a la claridad con la que Arendt expuso sus puntos de vista. El desarrollo de la guerra en Europa y el flujo constante de nueva información sobre los campos de concentración y exterminio, además del número de personas asesinadas en ellos, hacían que Arendt escribiera siempre sobre los acontecimientos más recientes. El 24 de agosto de 1944, Arendt escribió a su amigo Waldemar Gurian:

Querido Gurian:

Te envío adjunto un manuscrito al que le han pasado todo tipo de cosas. [...] Cuando estaba mecanografiado, impreso y listo en Pageprint, el Comité decidió que era mejor no tratar todo el asunto en su revista, y el *Contemporary Record* apareció con dos meses de retraso, sin mi artículo y un segundo artículo sobre el mismo tema. [...]

No tendré mucho más tiempo, ya que prometí todo tipo de artículos para octubre, pero solo uno de ellos, un análisis general de la política sionista de los últimos veinticinco años para Menorah, me interesa especialmente.

El artículo para *Menorah* al que se refiere Arendt es «Zionism Reconsidered», el texto que hasta el día de hoy se cree que documenta su actitud hacia el sionismo hasta el final de su vida.

El segundo texto mostrará que no es cierto que Arendt no cerrara el capítulo «Sionismo» con una crítica fundamental. Con independencia de lo que pensara en particular sobre la evolución del Estado de Israel y su política, no lo hizo público durante casi diez años. Y cuando lo hizo en 1958, lo importante no era su nombre, sino el asunto de que trataba.

3. «EL PROBLEMA DE LOS REFUGIADOS PALESTINOS»

El año 1956 fue de gran peligro para la paz mundial y, por tanto, una dura prueba para las Naciones Unidas, especialmente debido a las crisis en Egipto y en Hungría. […]

Las actividades humanitarias del Organismo de Obras Públicas y Ayuda de las Naciones Unidas para los Refugiados de Palestina, destinadas a proporcionar un mínimo de subsistencia y vivienda a más de 900.000 refugiados en Oriente Próximo, fueron proseguidas por la Asamblea General con el apoyo de Estados Unidos. Aunque el Organismo de Obras Públicas y Ayuda está realizando una excelente labor en circunstancias difíciles, debemos encontrar una solución duradera al problema de los refugiados palestinos.

Estas líneas se encuentran en la Introducción al «11.º Informe Anual sobre la Participación de Estados Unidos en las Naciones Unidas» que Dwight D. Eisenhower presentó al Congreso el 14 de enero de 1958.[12] En las semanas siguientes, los comentaristas se preguntaron por qué el 34.º presidente de Estados Unidos no había hecho en su informe ninguna propuesta concreta para mejorar la situación de los refugiados. Daba la impresión de que se había reconocido el problema, pero aún quedaba mucho camino por recorrer hasta encontrar una solución.

Puede que fueran declaraciones como estas de Eisenhower las que dieron ocasión al Institute for Mediterranean Affairs, fundado en Nueva York en noviembre de 1957, a redactar un informe sobre el «Problema de los Refugiados Palestinos».

No fue el único instituto de este tipo, normalmente financiados por donantes privados, que analizó la situación en Oriente Medio. Conocedores expertos de la región y la situación política completaron sus análisis a principios de 1958. Balfour Brickner escribió *As Driven Sand: The Arab Refugees*.[13] El experto estadounidense en Oriente Próximo William R. Polk, el sionista británico David M. Stamler y el economista árabe Edmund Asfour publicaron *Backdrop to Tragedy*, un libro que ofrecía datos históricos, políticos y económicos para llegar a un acuerdo.[14] La jurista Deborah Kaplan hizo un estudio en hebreo que analizaba el problema de los refugiados desde una perspectiva jurídica.[15] Cuatro años más tarde, el libro fue el único de toda la bibliografía sobre el tema que se tradujo al alemán. Se publicó en 1962 con el título *Das arabische Flüchtlingsproblem und die Vereinten Nationen* («El problema de los refugiados árabes y las Naciones Unidas») por la pequeña editorial de Frankfurt Ner-Tamid

(«Luz Perpetua»), dirigida por el historiador y periodista Hans Lamm.[16] En esta época hubo en general numerosas propuestas de solución, en su mayoría más elaboradas, que procedían del propio Israel. Los planes se publicaban sobre todo en la revista mensual *New Outlook* de la Jewish-Arab Society, con sede en Jerusalén.

Pero fue en primer lugar Don Peretz, una autoridad reconocida en ambos campos en cuestiones sobre Israel y Palestina, quien marcó la pauta para posteriores debates con su detallado estudio de 1958, *Israel and the Palestine Arabs*.[17] Peretz, que era orador y asesor invitado con frecuencia no solo en las revistas especializadas pertinentes, sino también en las Naciones Unidas y sus numerosas organizaciones activas en la región, era un corifeo que no podía faltar en la escena científica. El hecho de que el «Instituto» consiguiera que Peretz colaborara puede haber motivado a otros a contribuir en el informe, además de la participación del economista Abba P. Lerner, que en aquella época ya era célebre e influyente, sobre todo en Israel.

Sea como fuere, 1958 fue un año en el que la demanda de una solución permanente al problema de los refugiados palestinos se hizo más notoria, tanto política como académicamente. Desde el punto de vista político, esto no solo se debía a la inestable situación que, desde la crisis de Suez en 1956, se estaba convirtiendo cada vez más en un escenario prebélico en el que podría tener lugar otra de las llamadas guerras subsidiarias. Además, la financiación que proporcionaban las Naciones Unidas a la UNRWA para la atención a los refugiados expiraba a principios de 1960.

Como las crisis también albergan oportunidades, un tal Samuel Merlin recurrió a sus competencias y contactos. Nacido en la rusa Kishinev/Kischinau[18] en 1910 y fallecido en Nueva York en 1994, fue, para decirlo suavemente, una figura extravagante. Estudió en la Sorbona, fue ayudante de Zeev Jabotinski, vivió como funcionario en Polonia de 1933 a 1938, fundó allí un periódico clandestino, huyó a Francia en 1939 y volvió a escapar de los nacionalsocialistas un año después. Ya en Estados Unidos, en 1940 se unió a un grupo en torno a Peter Bergson, como se hacía llamar Hillel Kook en Estados Unidos.[19]

Hillel Kook nació en 1915 en Kriukai, en la actual Lituania, y murió en 2001, en Kfar Shmaryahu, cerca de Tel Aviv. Procedente de una conocida familia rabínica, recibió educación religiosa en Palestina y estudió en la Universidad Hebrea. Participó en innumerables batallas militares y políticas a partir de 1930, sin evitar nunca el conflicto. Como Peter Bergson, organizó innumerables iniciativas en Estados Unidos para salvar a los judíos europeos.

Al igual que Samuel Merlin, fue miembro de la primera Knéset por el partido «Cherut» («Libertad»). Ambos pusieron fin con frustración a sus carreras políticas partidistas tras la primera legislatura y regresaron a Estados Unidos. El Institute for Mediterranean Affairs fue uno de los principales instrumentos utilizados para justificar y popularizar intelectualmente en Estados Unidos una posición revisionista y, en última instancia, postsionista. Bergson y sus amigos se inspiraron en las ideas de Zeev Jabotinsky (1880-1940) y colaboraron estrechamente con su hijo, Eri Jabotinsky (1910-1969).[20]

Bergson regresó a Israel en 1968, mantuvo su actividad política y fue un interlocutor muy solicitado hasta su muerte. La apuesta incondicional de los «Bergson Boys» por un ejército judío y su apoyo activo al grupo Irgun en Palestina, que no se amilanaba ante los atentados terroristas, con lo que al principio solo «incordiaba» a las diversas organizaciones sionistas y judeo-estadounidenses. Pero, a mediados de los años cuarenta, los «Boys» fueron objeto de furibundos ataques —dejaron de entregar el dinero supuesta o realmente recaudado para el rescate de judíos en Europa—, lo que dañó para siempre su reputación en Estados Unidos.[21]

Merlin regresó a Palestina en 1948 vía París, donde se reunió con otros miembros del grupo. Como tantas otras veces en su vida, estaba allí cuando ocurrieron cosas importantes. Estuvo envuelto en las batallas por el barco *Altalena* (nombre de guerra de Jabotinsky), que se hundió frente a Tel Aviv el 22 de junio de 1948,[22] y fue, como antes en Estados Unidos, el jefe ideológico de los «Bergson Boys». Tras su regreso, Merlin luchó por un país en el que judíos y árabes pudieran convivir y se refirió en repetidas ocasiones a aquello que consideraba el punto crucial: el regreso de los aproximadamente 700.000 refugiados palestinos que tuvieron que abandonar su patria desde 1948. Un aspecto que los políticos sionistas ya discutían intensamente en plena guerra de 1948, y que fue tematizado en numerosos artículos, memorandos y discursos como una posible exigencia tras una victoria o un alto el fuego. Para la gran mayoría del Gobierno israelí, estaba claro que tendría que rechazar cualquier repatriación si quería que el nuevo estado se desarrollara de forma estable. Se adujeron a este respecto tanto razones económicas y demográficas como militares. Merlin era consciente de que, casi al mismo tiempo, se estaba produciendo una expulsión masiva de judíos en los Estados árabes.

Inmediatamente después de la fundación del Estado de Israel se publicaron informes que declaraban que el retorno de los expulsados era el criterio decisivo para la paz. Sin embargo, hasta 1956, las innumerables comisiones que participaron en las múltiples conferencias no consiguieron nada más que liberar un gran número de cuentas bancarias de personas desplazadas en las que se almacenaba un total de alrededor del 87 por ciento de los fondos bloqueados. Además, solo se reagrupó a un pequeño número de familias. Desde finales de 1949 hasta 1956, se aprobaron 5.200 solicitudes de reagrupación familiar. Al final, solo regresaron unos 4.200 refugiados. Si se los compara con los entre 200.000 y 250.000 refugiados cuyo regreso exigían los políticos estadounidenses, se trataba de una cifra insignificante. Un último pequeño éxito en aquellos ocho años se logró con los llamados «refugiados en el país». Se calculaba que, tras el final de la guerra de 1948, unos 156.000 árabes vivían en el nuevo Estado de Israel, que reconocía a 28.000 de ellos como «refugiados internos», es decir, refugiados que habían sido expulsados de sus lugares originales de residencia, pero permanecían en Israel. Junto con organizaciones internacionales, la UNRWA se encargó del cuidado de estas 28.000 personas cuando se fundó el 1 de mayo de 1950.[23]

Esta era la situación con la que se encontraron Bergson y Merlin cuando hicieron planes para poner en marcha sus ideas no solo en la práctica, sino también en la política. Así que se reunieron con amigos y conocidos, científicos y mecenas, fundaron en 1957 el Institute for Mediterranean Affairs y, en noviembre del mismo año, sometieron a votación los estatutos y objetivos de la institución para que pudiera registrarse como organización sin ánimo de lucro.

¿Cómo acabó Hannah Arendt en esta constelación?

Entre finales de 1957 y principios de 1958 ya hacía tiempo que conocía a Merlin. Este ya había entrado en contacto con ella el 6 de febrero de 1946, durante las discusiones en torno a su ensayo «Zionism Reconsidered», publicado en 1945.[24] Por aquel entonces, Merlin trabajaba para el Hebrew Committee

for Liberation, una de las numerosas organizaciones que los
«Bergson Boys» habían fundado para lanzar sus iniciativas y
conseguir el favor de personalidades para sus objetivos. Las
denominaciones, a menudo pomposas, como en este caso,
resultaban muy útiles para ganar adeptos, lo que no hacía
sino aumentar el ya descrito escepticismo (¿justificado?) de
las instituciones sionistas establecidas y los grupos de interés.

En cualquier caso, Merlin debió de leer en los años siguientes las intervenciones ocasionales de Arendt sobre el
tema de Israel y Palestina, y las acogió con simpatía. El hecho
de que Arendt señalara repetidamente los peligros emergen-
tes para la población judía de Palestina en caso de que se estableciera un estado nacional jugó a favor de Merlin, que
estaba convencido de que solo la solución de un estado único
permitiría la paz en la región. En 1950, Arendt presentó por
última vez un análisis exhaustivo de la situación en Israel y
Palestina y de su evolución política. El ensayo, titulado «Peace
or Armistice in the Near East?», concluido dos años antes,
retomaba ideas que se habían debatido en el grupo en torno
al rabino Judah L. Magnes, rector temporal de la Universidad Hebrea de Jerusalén y activista por la paz.[25] Arendt trabajó arduamente en los documentos del grupo y también
escribió memorandos enteros bajo su exclusiva responsabilidad. El ensayo estaba dedicado a Magnes, que murió en
octubre de 1948. La expulsión de los palestinos en 1948
desempeñó un importante papel en el texto. Arendt temía
que este nuevo grupo de apátridas no hiciera sino reforzar la
impresión de los Estados árabes de que el nuevo Estado de
Israel planeara una expansión violenta. Los refugiados ali-
mentarían aún más la espiral de violencia en ambas partes,
haciendo imposible «la paz o un alto el fuego en Oriente
Próximo». El signo de interrogación en el título del ensayo

era el resto de esperanza que aún conservaba Arendt en aquel momento.

Merlin debió de saber todo esto cuando escribió a Hannah Arendt el 19 de febrero de 1958. La carta trataba de un informe previsto sobre el problema de los refugiados palestinos y su posible solución, que Arendt obviamente ya conocía y en el que con toda probabilidad había aceptado participar. En la carta, Merlin menciona algunos de los nombres que más tarde trabajaron en el documento. Pero, sobre todo, se refiere a un *working paper* que debía servir de base para posteriores debates en el seno del grupo.[26]

Pero Merlin no estaba satisfecho con él: algunos puntos eran demasiado largos y estaban «sobredocumentados», mientras que otros no estaban lo bastante «elaborados». Además, no se tenía en cuenta los recientes «cambios radicales en el mundo árabe». No había detalles concretos, aparte del hecho de que estaba muy interesado en conocer la reacción de Arendt. El grupo quería reunirse el 2 de marzo de 1958 en las oficinas neoyorquinas del instituto, con la esperanza de que Arendt pudiese asistir. Para que Arendt pudiera clasificar el documento de trabajo, Merlin anunció «material documental» adicional.

Y así termina la historia más o menos concluyente de cómo Hannah Arendt llegó a ser coautora del informe «El problema de los refugiados palestinos. Un nuevo enfoque y un plan para una solución». Lo siguiente que puede decirse con certeza es que se la nombra como colaboradora del libro junto a los otros dieciséis autores.

Echemos un vistazo al año 1958 y a Hannah Arendt. ¿Cuál es la historia detrás de la sensación causada por la contribución de Arendt al informe sobre «El problema de los refugiados palestinos»?

El año 1958 fue el año en el que Arendt publicó varios libros que dejaron bien claro su papel destacado en la teoría política y la filosofía de la época y por los que a partir de entonces se la mencionaría al mismo nivel que a personalidades como Carl Joachim Friedrich, Leo Strauss y Eric Voegelin.

Sus «Walgreen Lectures» en Estados Unidos se publicaron en la Universidad de Chicago con el título *The Human Condition.*[27] En Londres apareció *Rahel Varnhagen. The Life of a Jewess*, traducción al inglés de un manuscrito escrito en alemán a finales de los años treinta y reelaborado para su publicación. Al año siguiente apareció la biografía de Rahel Varnhagen escrita por Arendt en el idioma original y publicada por la editorial Piper en Múnich.[28] En 1958, Arendt también publicó la segunda edición modificada de su obra principal, *Elemente und Ursprünge totaler Herrschaft,*[29] con la que no solo logró su consagración internacional, sino que también dio a conocer un nivel completamente nuevo de la teoría del totalitarismo. Y lo que es mucho más importante, con esta obra se había escrito la primera historia de la violencia en la modernidad, cuya culminación —el nacionalsocialismo y el comunismo/bolchevismo— no podía explicarse a partir de historias anteriores, sino que era algo completamente nuevo debido a los actos de exterminio. Por último, Arendt publicó un largo ensayo que ocupó todo un libro sobre la Revolución húngara,[30] en el que presentaba los actos de represión del levantamiento como una prueba más de sus teorías sobre el imperialismo y el totalitarismo.

Esto era una parte, pero falta el factor decisivo para nuestro contexto. En el verano de 1958, Hannah Arendt y Karl Jaspers volvieron a encontrarse en Basilea y mantuvieron un intenso intercambio de ideas. El 28 de septiembre, el filósofo recibió el Premio de la Paz de los Libreros Alemanes en la

Paulskirche de Frankfurt; Arendt, antigua alumna y amiga íntima del matrimonio Jaspers durante muchos años, pronunció el discurso laudatorio.

También esta vez tuvieron su resonancia los encuentros y las conversaciones. En una nota redescubierta en Nueva York, Arendt había escrito que Jaspers quería saber más sobre los acontecimientos de la época en Israel. Arendt adjuntó a su carta del 16 de noviembre de 1958 un breve texto del rabinato israelí sobre los matrimonios mixtos.[31]

Pero Arendt no se detuvo ahí. En algún momento entre mediados de noviembre y mediados de diciembre de 1958, Hannah Arendt envió a Karl Jaspers una copia de «The Palestine Refugee Problem». Como se desprende de la reacción de Jaspers, probablemente no habría añadido ninguna nota explicativa. Si nos fijamos en cómo trata Arendt esta publicación, parece como si enviarla hubiera sido una especie de test. Probablemente querría saber cómo reaccionaría ante el libro alguien que, como ella, consideraba el «estar presente» como un ideal; que, como ella, intervenía públicamente en cuestiones o decisiones importantes y con quien ella discutía sobre cualquier tema personal y fáctico. No se trataba solo de Karl Jaspers. En su correspondencia con Gertrud Jaspers, que era judía, Israel y Palestina eran un tema constante. Gertrud Jaspers manifestó en repetidas ocasiones su preocupación por el estado judío, lo veía amenazado desde el exterior y deseaba, por ejemplo, en 1956, que Israel decidiera unirse a una confederación de estados para tener garantías de seguridad.

Entre sus amigos cristianos, nadie habría entendido tan bien como Karl Jaspers que el estudio trataba en múltiples sentidos de un punto central de la vida y la obra de Arendt: el estado judío de Israel, para el que ella había deseado una forma política diferente. Y que, lo quisiera o no, ahora formaba parte de la vida judía tras el exterminio de los judíos europeos, y cuya existencia misma modificaba la cuestión del exilio y de una posible nueva patria.

Al igual que en el caso de muchos otros críticos de la situación política de Israel y de su posición frente a los Estados árabes —que no solo no eran democracias, sino que amenazaban con destruir Israel, como había hecho de forma especialmente agresiva y con el apoyo de la Unión Soviética el líder egipcio Gamal Abdul Nasser desde la crisis de Suez en 1956—, siempre resonaba la convicción de que la nación de los rescatados y supervivientes estaba especialmente amenazada desde dentro y desde fuera.[32] Sin embargo, la preocupación de Arendt por la seguridad de Israel no le impidió formular con claridad su crítica a las políticas de los gobernantes.

En una carta fechada el 31 de diciembre de 1958, Karl Jaspers habla extensamente del libro que ha recibido. Es evidente que lo había leído con atención, como demuestran las siguientes líneas:

Gracias por el libro sobre los refugiados palestinos. Es evidente que usted ha colaborado de alguna manera y lo ha autorizado con su nombre. Estoy muy satisfecho con la exposición y la dicción. Tanto la solución propuesta como las condiciones son convincentes: un punto no puede separarse del otro, el conjunto es una unidad. Me parece que esta exposición compleja y a la vez sencilla, concentrada, clara, es un trabajo preparatorio para el momento en que los árabes quieran hacer la paz con Israel. Antes que eso, quizá sea un factor que hará que el árabe razonable esté más dispuesto a hacer la paz y que los irrazonables entre los judíos estén más dispuestos a transigir [sic!]. El espíritu de esta solución es, como debería ser el caso de los buenos pensadores políticos, una reflexión sobre la situación concreta desde la pura razón y la humanidad. Esperamos que llegue el momento en que lo que se ha pensado pueda hacerse realidad y que esta reflexión contribuya a su realización. Es un documento hermoso, decente y extenso. Al principio probablemente convencerá a más judíos que árabes. Porque el punto crucial, sin el cual las frases decisivas de la solución pierden su sentido, es la conclusión del tratado de paz.[33]

Hasta aquí Jaspers, que describe de forma precisa el contenido de la propuesta de solución y ha comprendido la intención del informe. También ha captado con precisión el problema político con referencia a la parte árabe y la resistencia política interna de Israel a las demandas de repartir la soberanía. Don Peretz y otros analistas de la época subrayaron repetidamente este contraste, que a menudo se describió como «razón frente a emoción», como señala Jaspers.

En cualquier caso, Arendt podría haberse dado por satisfecha con la respuesta de Jaspers. O haber acentuado su propio punto de vista, en qué puntos se desviaba de aquello en lo que había contribuido, o haber sacado a la luz su probado espíritu de contradicción.

O, o, o... Pero lo cierto es que Arendt nunca responderá a estas líneas por escrito, ni a Jaspers ni a nadie. Permanece en silencio. No da las gracias, simplemente no dice nada. El volumen simplemente no existe.

Por lo que se sabe, Jaspers fue la única persona de su círculo a la que hizo llegar el informe. Si nos fijamos en las numerosas y extensas listas de destinatarios que Arendt pasaba a editoriales o revistas cuando publicaba libros o ensayos, sus «relaciones públicas» resultan bastante sorprendentes.

En sus textos, publicados o no, tampoco hay indicios de que se ocupara del problema de los refugiados palestinos ni de que colaborara en un plan de solución, y mucho menos de que formulara por escrito tal plan. Tampoco hay una sola mención del informe en su correspondencia con sus amigos íntimos Kurt Blumenfeld y Gershom Scholem, que vivían en Israel. Ambos amigos seguían meticulosamente cada mención pública de Arendt, y también tenían grandes redes en Israel, Europa y Estados Unidos. Por eso resulta aún más asombroso que ni Blumenfeld ni Scholem, ni nadie más, reaccionaran cuando el *Mitteilungsblatt* [boletín informativo] que leían muchos miembros del círculo de Arendt publicó el resumen de Lerner.[34]

Decir «asombroso» es quedarse corto; es completamente desconcertante que no hubiera ninguna reacción a la postura de Arendt. Porque no solo Blumenfeld y Scholem, sino también muchos otros viejos amigos sionistas no habían perdonado a Arendt sus críticas en «Zionism Reconsidered» a los movimientos que promovieron la fundación del Estado de Israel y luego la hicieron realidad en 1948. Los sismógrafos, por lo demás tan sensibles y precisos, no detectaron nada. Esto se aplica no solo al momento de la publicación y a la recepción posterior. Nadie asoció nunca a Arendt con «El problema de los refugiados palestinos». Con una excepción: en 1959, el Institute for Mediterranean Affairs invitó a Arendt a una conferencia, a la que asistió. Desde entonces, su nombre formó parte integrante de la publicidad. Aunque estuvo en contacto con el instituto hasta principios de la década de 1970, no se ha podido determinar ninguna otra actividad de Arendt al respecto.

Sin embargo, Samuel Merlin volvió a desempeñar un papel importante en su vida. Fue él quien planeó una traducción al hebreo de su libro *Eichmann en Jerusalén*. Su argumentación lo convenció por completo. En particular, pudo seguir las críticas de Arendt a los funcionarios sionistas y a los consejos sobre los judíos creados por los nacionalsocialistas. Merlin puso a Arendt en contacto con una editorial israelí y un traductor. Se realizó la versión hebrea, pero la publicación no llegó a materializarse. No fue hasta el año 2000 que apareció por primera vez una traducción al hebreo.

El 10 de septiembre de 1958, el estudio del instituto se presentó a la prensa. Al día siguiente, las agencias publicaron reportajes detallados, mientras que el *New York Times* resumía el contenido del libro y publicaba también un extenso comentario sobre las propuestas.[35] Según el informe, el millón de refugiados que vivían en todo Oriente Próximo era el mayor «obstáculo» para la paz en la región, e incluso en el mundo. Por mucho que el comentarista anónimo reconociera las propuestas «racionales» como la verdadera clave para una solución, también se refería al trasfondo «emocional» del conflicto. El gran obstáculo que se cierne sobre todas las ideas bien fundadas —es decir, sobre el reconocimiento de la necesidad de un acuerdo en lugar de decirse mutuamente quién ha vivido más tiempo en el territorio, quién ha cometido qué atrocidades contra la otra parte y quién ha rechazado las propuestas anteriores— seguía existiendo, sobre todo debido a las ambiciones imperiales del presidente egipcio Nasser. Sin embargo, no había alternativa a un acuerdo como el esbozado en el informe. Porque cualquier otra cosa, según el *New York Times*, conduciría a la guerra.

Tras el informe y el comentario, surgió una pequeña polémica en la que uno de los coautores, el conocido sociólogo Werner J. Cahnman, reclamaba más derechos para Israel, mientras que el palestino cristiano Sami Hadawi, que había sido expulsado de su casa en el barrio jerosolimitano de Katamon en 1948 y estaba considerado el mejor experto en relaciones de propiedad en los territorios ahora ocupados por Israel, no consideraba que las propuestas tuviesen un alcance suficiente.

Abba P. Lerner respondió a ambas objeciones en una carta publicada por el *New York Times* el 8 de octubre de 1958. Todo ello hizo que se prestara más atención al Institute for Mediterranean Affairs y lo situó con rapidez en el competitivo mercado de los expertos financiados con fondos privados.[36]

Aparte de la recepción contemporánea y de la mención muy ocasional en la limitada literatura especializada,[37] el informe solo lo leyeron las dos politólogas antes mencionadas, Ayala Paz y Rebecca Kook. Ellas dieron por sentado, con razón, que Bergson era el padre intelectual del instituto y que el informe reflejaba en buena parte su posición. También supusieron que los investigadores conocían el libro, ya que dirigieron toda su atención a las reflexiones sistemáticas resultantes de la comparación realizada.

¿Conocía Arendt siquiera las posiciones de Bergson? Se acordaba muy bien de él y de su grupo, al que había calificado el 16 de junio de 1944 en el periódico *Der Aufbau* de «filisteo explosivo».[38] Un grupo que, junto con otros, era conocido por cometer atentados y cuyos métodos y objetivos Arendt atacó con extrema dureza. ¿Había cambiado aquí su opinión? Como Merlin mencionó en una carta de 1967, Arendt había conocido a Bergson «hacía algún tiempo» («*some time ago*»). No debió de impresionarle mucho, de lo contrario habría mencionado sin duda este encuentro en una carta a sus amigos. Y cuando otros mencionaban ocasionalmente a Bergson, Arendt no lo comentaba. Para ella, era y seguía siendo «*unreliable*» [no confiable], como señaló en ocasiones, muy al contrario que Samuel Merlin.

* * *

Este estudio sobre el problema de los refugiados palestinos de 1958, traducido por primera vez al alemán, ofrece análisis y propuestas de solución al conflicto árabe-israelí del siglo xx sumamente coherentes y claros. Es evidente que Merlin y Lerner lograron crear un comité cuyos miembros dejaron de lado sus propias opiniones para combinar el análisis más fundado y claro de la situación con un elaborado plan para poner fin al conflicto y, sobre todo, a la situación de expulsión. El hecho de que se hayan incluido en el estudio los diferentes enfoques y las tensiones dentro de la investigación, pero también entre los representantes de los palestinos y de Israel, pone de manifiesto la transparencia que caracteriza al estudio en su conjunto. Además, los numerosos anexos permiten conocer diferentes métodos de análisis, conceptualizaciones y percepciones. Al mismo tiempo, la natural vinculación de las valoraciones y las posiciones con su época es patente cuando se utilizan formulaciones que son, como mínimo, problemáticas, cuando no racistas. La referencia al año 1958 no lo explica todo. No obstante, se trata de raras excepciones que no influyen en las afirmaciones de los estudios y que siempre pueden reconocerse por su nombre.

El informe no solo tiene una importancia destacada para la investigación acerca de Arendt, sino que su exhaustividad y atención a los detalles también podrían servir para despertar el interés por la importancia de la cooperación interdisciplinar e internacional para encontrar soluciones que vayan más allá de la «solución de uno» o «dos estados». Aunque, tras el ataque de Hamás y otros grupos terroristas el 7 de octubre de 2023 y su asesinato sistemático de más de 1.200 israelíes judíos y otras personas, parece casi imposible mantener un

optimismo, o al menos un realismo, que haga que las soluciones parezcan posibles.

Pero ¿no valdría la pena un debate sobre el mejor enfoque
en lugar de una repetición esquemática de puntos de vista
bien conocidos? No puede tratarse de una actualización ba-
rata del estudio de 1958, porque eso es lo que sería, sino que
habría que tener en cuenta la importancia de lo que dice para
la época.

Sin embargo, aunque se publicó hace más de sesenta y
cinco años, merece la pena leerlo y reflexionar sobre lo que
expone. Nunca ha sido prudente ignorar los conocimientos y
las esperanzas de las generaciones anteriores.

NOTAS

LA POLÍTICA EXTERIOR ESTADOUNIDENSE Y PALESTINA

1   Esta nota y todas las siguientes, a no ser que se diga lo contrario, son del editor. Una nota manuscrita de Adolph S. Oko en
el texto mecanografiado dice: «Translated into English by
Hannah Arndt». Junto con el original alemán se han conserva-
do una traducción de Arendt al inglés, muy revisada por Oko,
y una copia en limpio que fue nuevamente corregida. A dife-
rencia de la traducción, el original alemán no tiene título. Para
esta edición se adoptó y tradujo el título en inglés. Los textos se
encuentran en los documentos de Adolph S. Oko Papers, Box 9,
Folder 7, que se conservan en los American Jewish Archives
Cincinnati, Ohio.

2   El 1 de febrero de 1944, los dos senadores, Robert A. Taft y
Richard F. Wagner, presentaron en el Senado la Resolución
247 «National Home for Jewish People in Palestine» («Hogar
Nacional para el Pueblo Judío en Palestina»), que pedía que se
estableciera lo antes posible un estado judío con el apoyo de
Estados Unidos. La resolución, con los números 418 y 419,
se debatió en el Comité de Asuntos Exteriores de la Cámara de
Representantes los días 8, 9, 15 y 16 de febrero de 1944. La
resolución fue aplazada por primera vez a principios de marzo
de 1944. Cuando pronto quedó claro que la resolución no se
sometería a votación, el 22 de marzo de 1944 tuvo lugar una

manifestación en el Madison Square Garden con más de 20.000 participantes, en la que también hablaron Wagner y Taft. La manifestación iba dirigida al mismo tiempo contra el llamado White Paper del Gobierno británico (véase nota 13). Véase el epílogo.

3   La Colonial Office se fundó en 1768 y, a partir de 1854 (la «segunda Colonial Office»), la institución fue responsable de la mayoría de las colonias británicas (excluidas las colonias de ultramar y, a partir de 1858, también la India).

4   Se trataba de los planes americano-británicos para construir un oleoducto desde Baréin y Kuwait hasta Haifa y Egipto. Véase el epílogo.

5   Cordell Hull fue secretario de Estado de Estados Unidos de 1933 a 1944. Seguía siéndolo en febrero de 1944. El 5 de marzo de 1944, apareció un informe en el *New York Times* según el cual Hull apoyaba a los miembros de la administración Roosevelt que estaban en contra de permitir que la resolución se sometiera a votación. Su posición fluctuó repetidamente en los meses siguientes. Una cuestión que existía desde la aprobación de la Constitución estadounidense se refería a la participación de la Cámara de Representantes y del Senado en los procesos de toma de decisiones del Gobierno, como ocurría en este caso.

6   Departamento de Asuntos Exteriores de Estados Unidos.

7   El tratado, firmado el 28 de junio de 1919, entre el Reich alemán y Francia, Gran Bretaña, Estados Unidos y sus aliados puso fin a la Primera Guerra Mundial de acuerdo con el derecho internacional.

8   Los alrededor de seis millones de polacos que apoyaron los planes del «Congreso Polaco Americano» fundado en 1944, que hacía campaña para que Alemania aceptara la línea Oder-Neisse como futura frontera occidental tras el final de la guerra.

Pero hubo debates igualmente intensos sobre por dónde debía discurrir la futura frontera con la Unión Soviética (frontera oriental).

9   La cita, reproducida correctamente, procede de: Adler, Cyrus y Margalith, Aaron Morris, *American Intercession on Behalf of Jews in the Diplomatic Correspondence of the United States*, 1840-1938, Nueva York, 1943, p. 251. Arendt marcó los corchetes con un asterisco para señalar la inserción.

10 Desde principios de la década de 1940, las compañías petroleras británicas y estadounidenses y los respectivos gobiernos habían estado trabajando en un plan para construir un oleoducto en Oriente Próximo, que en 1944 causó revuelo tras las publicaciones de los periódicos. En un acuerdo no exento de conflictos con los británicos, el plan era bombear petróleo árabe desde Baréin y Kuwait, y a través de Arabia Saudí y Transjordania, hasta Egipto y Palestina. En el verano de 1944, los estadounidenses instaron a los británicos a firmar finalmente un acuerdo. Sin embargo, el convenio no se cerró y las negociaciones se fueron aplazando. El periodista y dirigente sionista Eliahu Ben-Horin publicó un análisis, que Arendt muy probablemente leyó, en la edición del 1 de junio de 1944 de *Harper's Magazine* (pp. 28-35) con el título de «Arabian Oil and American Imperialism».

11 La prueba fue marcada por Arendt con un asterisco. La cita fue reproducida correctamente y se encuentra en la sección «U.S. at War». El artículo no está marcado.

12 George Catlett Marshall jr. era general de cuatro estrellas en 1944 y había sido «Chief of Staff of the Army» durante cinco años, y, por tanto, el oficial de más alto rango del ejército estadounidense. El «EEE Recovery Program» («Programa para la Recuperación de Europa») lleva su nombre y se conoce universalmente como «Plan Marshall».

13   El White Paper (el Libro Blanco) se publicó el 17 de mayo de
     1939 y se aprobó en la Cámara de los Comunes seis días
     después. Sustituyó a dos libros anteriores. En él, el Gobierno
     británico afirmaba seguir la Declaración Balfour de 1917 y cam-
     biar la política en favor de un futuro autogobierno judeo-árabe.
     Al mismo tiempo establecía que la inmigración de judíos debía
     limitarse a 10.000 al año hasta 1944 inclusive (más un total
     de 25.000 de los llamados refugiados). Después de eso, las
     inmigraciones tendrían que ser autorizadas expresamente por
     la parte árabe. Esta limitación violaba la idea de 1917 de dar
     a los judíos un «hogar nacional» en Palestina.

14   El 16 de marzo de 1939, después de que las unidades de la
     Wehrmacht y las SS hubieran entrado en Checoslovaquia el
     día anterior, Hitler declaró que el estado ocupado había dejado
     de existir.

15   La política de apaciguamiento alcanzó su punto más bajo en el
     llamado Acuerdo de Múnich de 1938, según el cual sobre todo
     el primer ministro británico Neville Chamberlain («Peace for
     our time») permitió a Hitler y, por tanto, al «Tercer Reich»
     ocupar los «Sudetes». En abril de 1939 se puso fin a la política
     de apaciguamiento como consecuencia de la entrada en Che-
     coslovaquia.

16   Winston Churchill fue primer ministro británico por primera
     vez de 1940 a 1945. El 23 de mayo de 1939 había atacado con
     dureza el White Paper en el debate y votó en contra de su apro-
     bación.

17   «Foreign Office» es la denominación abreviada que recibe el
     Ministerio de Asuntos Exteriores británico.

18   El 2 de noviembre de 1917, el ministro británico de Asuntos
     Exteriores, Arthur James Balfour, declaró su conformidad con
     el establecimiento de un «hogar nacional judío» en Palestina en
     una carta escrita en nombre del Gobierno británico. Con ello se

accedía a la principal exigencia sionista, la fundación de un estado judío. Cinco años más tarde, la Declaración Balfour se incorporó al mandato de la Sociedad de Naciones para Palestina.

19 Con «Jewish National Home» se referían al «hogar nacional judío» explicado en la nota 18.

20 Abdulaziz bin Abdul Rahman bin Faisal Al Saud, también conocido como Ibn Saud, unificó la península arábiga tras numerosas campañas en 1932 y fundó el Reino de Arabia Saudí, que sigue existiendo en la actualidad. Ibn Saud se proclamó rey en 1932.

21 Arendt marcó los corchetes con un asterisco para señalar la inserción. Es muy probable que Arendt tomara la cita, correctamente reproducida, del estudio «Petroleum and American Foreign Policy», de Herbert Feis, página 28, publicado en Stanford en marzo de 1944. La cita se utiliza exclusivamente en los dos textos de la época. Las protestas se mencionaron repetidamente en toda la prensa estadounidense. Véase también el texto de Eliahu Ben-Horin mencionado en la nota 10.

22 Véase el epílogo.

EL PROBLEMA DE LOS REFUGIADOS PALESTINOS.
UN NUEVO Y ENFOQUE Y UN PLAN PARA UNA SOLUCIÓN

1   N. del trad. alemán: United Nations Relief and Works Agency for Palestine Refugees in the Near East. [Agencia de Naciones Unidas para los Refugiados de Palestina en Oriente Próximo].

2   *N. del trad. alemán*: Mixed Armistice Commissions (MAC). Las Comisiones Mixtas de Armisticio eran organizaciones de supervisión del alto el fuego en virtud de los Acuerdos Gene-

rales del Armisticio de 1949. Estaban formadas por observadores militares de las Naciones Unidas y eran parte de la misión de mantenimiento de la paz del Organismo de la ONU para la Vigilancia de la Tregua (United Nations Truce Supervision Organization, UNTSO) en Oriente Próximo.

3   *N. del trad. alemán*: La propuesta se hizo probablemente con la mirada puesta en la United Nations Relief and Rehabilitation Administration (UNRRA), fundada en Atlantic City el 9 de octubre de 1943.

4   En el anexo 1 se ofrece una descripción general de las condiciones de vida, las actividades y el estado de los abastecimientos en las comunidades de refugiados.

5   En el anexo 2 se presenta un resumen de la situación de los refugiados en diferentes partes del mundo, los problemas que plantea a la comunidad internacional y las soluciones aplicadas a estos problemas.

6   Véase Comisión de Conciliación de la ONU para Palestina, *Informe final de la United Nations Economic Survey Mission for the Middle East*, 28 de diciembre de 1949, documento de la ONU n.º A/AC.25/6, parte 1, anexo IA, p. 22 y ss., e *Informe anual del Comisionado General del Organismo de Obras Públicas y Ayudas de las Naciones Unidas para los Refugiados de Palestina en el Oriente Próximo (UNRWA) correspondiente al periodo comprendido entre el 1 de julio de 1956 y el 30 de junio de 1957*, Protocolos Oficiales de la Asamblea General, duodécima sesión, suplemento n.º 14, documento de la ONU n.º A/3686, Anexo A, p. 12 y s.

7   En este momento, la organización se encuentra ya en una situación difícil. En los últimos años, la organización de ayuda «ha experimentado una serie de crisis sin precedentes [...] y se ha enfrentado a una situación financiera extremadamente grave. Esto último [...] es un verdadero motivo de preocupación para

todos aquellos interesados en el bienestar de los refugiados palestinos y en la estabilidad de Oriente Próximo». *Informe anual, ibid.*, Introducción, p. 1. Es probable que la situación se deteriore gravemente tras la finalización del mandato de la UNRWA, y no debe ignorarse el riesgo de una escalada.

8 En el anexo 2 se encuentra un resumen acerca de las distintas organizaciones de la ONU que se encargaron de los refugiados en otros lugares.

9 En su libro *Israel and the Palestine Arabs*, Don Peretz examina la situación de los refugiados como una fuente de tensiones omnipresentes y crecientes en las fronteras entre Israel y sus vecinos árabes, así como un círculo vicioso de intentos de infiltración y represalias. Véase Peretz, Don, *Israel and the Palestine Arabs*, Washington D. C., 1958. En el Anexo 3 se ofrecen extractos sobre esta problemática.

10 *N. del trad. alemán*: En el original se utiliza aquí el término *brush war* (literalmente, 'guerra de pincel'), para el que no existe un equivalente en alemán. Según un artículo aparecido en la *Air University Quarterly Review* de las Fuerzas Aéreas de Estados Unidos, el año anterior a la publicación de este informe, una *brush war* es uno de los muchos términos utilizados para describir una guerra limitada en contraposición a una guerra total. Según la interpretación actual, también puede incluir elementos de una guerra vicaria. Con el telón de fondo del actual conflicto Este-Oeste, que en el artículo en cuestión se asume como un hecho inalterable por el momento, las guerras limitadas son todas las guerras que, con independencia de su alcance real, su localización geográfica, sus estrategias y objetivos subyacentes y sus tipos de defensa, no tienen una repercusión directa en la supervivencia de Estados Unidos y la Unión Soviética. Véase Ephraim M. Hampton, «Unlimited Confusion Over Limited War», en *Air University Quarterly Review*, vol. 2,

publicado por las Fuerzas Aéreas de Estados Unidos en la primavera de 1957, pp. 28-47; aquí p. 32.

11 En el anexo 4 se encontrará una exposición documentada de estas causas de huida, a menudo contradictorias.

12 En el anexo 4 se exponen las declaraciones que contienen argumentos contrapuestos sobre derechos y respaldos históricos.

13 En el anexo 5 se presenta un resumen del alcance numérico de la situación de los refugiados, las diferentes «categorías» de origen y la información, a menudo contradictoria, sobre las cifras de estas «categorías», así como el alcance global.

14 *N. del trad. alemán.* Jordan Valley Unified Water Plan.

15 En el anexo 6 se ofrece una visión general de algunos de estos planes de desarrollo, incluido el Plan Johnston.

16 En el anexo 7 figura una tabla cronológica de los sucesivos gobiernos y jurisdicciones políticas sobre Palestina desde los tiempos bíblicos.

17 Protocolos Oficiales de la Asamblea General, tercera sesión, parte 1, p. 21. El texto completo de esta resolución («Palestina: Informe provisional del Mediador de las Naciones Unidas») se reproduce en el anexo 8.

18 *Informe anual del Comisionado General del Organismo de Obras Públicas y Ayudas de las Naciones Unidas para los Refugiados de Palestina en Oriente Próximo (UNRWA) correspondiente al periodo comprendido entre el 1 de julio de 1956 y el 30 de junio de 1957,* Protocolos Oficiales de la Asamblea General, duodécima sesión, suplemento n.º 14, documento de la ONU n.º A/3686.

19 En el anexo 9 se incluyen estimaciones del posible reasentamiento de familias campesinas en varias partes de Oriente Próximo con un coste inferior a 2.500 dólares por familia.

20 Véase el anexo 9.

21 Véase la Resolución S/2322 del Consejo de Seguridad de las Naciones Unidas del 1 de septiembre de 1951.

22 Véase el anexo 9.

23 *N. del trad. alemán*: Repatriation and Resettlement Authority, denominada de forma diferente en el prólogo Repatriation and Resettlement Agency.

24 *N. del trad. alemán*: Unified Committee.

25 Véase el anexo 6.

26 *N. del trad. alemán*: United Nations Emergency Force (UNEF).

27 *N. del trad. alemán*. Aquí citado de Gn 13:8-9, *Die Bibel nach der Übersetzung Martin Luthers*, Stuttgart, 2017.

28 *Informe anual del Comisionado General del Organismo de Obras Públicas y Ayudas de las Naciones Unidas para los Refugiados de Palestina en Oriente Próximo (UNRWA) correspondiente al periodo comprendido entre el 1 de julio de 1956 y el 30 de junio de 1957*, Protocolos Oficiales de la Asamblea General, duodécima sesión, suplemento n.º 14, documento de la ONU n.º A/3686, párrafos 42-47.

29 *Ibid.*, párrafo 46.

30 *Ibid.*, párrafo 50.

31 Véase *ibid.*, párrafo 24.

32 Witkamp, F. Theodore, *The Refugee Problem in the Middle East*, Informe del Grupo de Investigación sobre Problemas Migratorios Europeos (Research Group for European Migration Problems, REMP), vol. 5, n.º 1, La Haya, enero-marzo de 1957, parte 2, párrafo 3.

33 *Ibid.*

34 *Ibid.*, párrafo 32.

35 *Ibid.*, párrafo 5.

36 Peretz, Don, *Israel and the Palestine Arabs*, Washington D.C., 1958, p. 20.

37 Kulischer, Eugene M., *Europe on the Move. War and Population Changes, 1917-1947*, Nueva York, 1948, p. 305.

38 *N. del trad. alemán*: United Nations Relief and Rehabilitation Administration.

39 *N. del trad. alemán*: International Refugee Organization.

40 Vernant, Jacques, *The Refugee in the Post-War World*, New Haven, 1953, p. 31.

41 Alto Comisionado de las Naciones Unidas para los Refugiados, *Survey of the Non-Settled Refugee Population in Various Countries*, Informe del Alto Comisionado de las Naciones Unidas para los Refugiados (United Nations High Commissioner for Refugees, UNHCR), abril de 1958.

42 *N. del trad. alemán*: en el original, los «Potsdam Transfers».

43 Véase Interventor Superior de Cuentas de los Estados Unidos, *Comptroller General Audit Report to Congress, Fiscal Year 1955-1957*, Informe al Congreso del Interventor Superior de Cuentas para los años 1955-1957, Washington D. C., mayo de 1958, pp. 49-56.

44 *N. del trad. alemán*: United Nations High Commissioner for Refugees. El Alto Comisionado de las Naciones Unidas para los Refugiados se fundó en 1950 para hacer frente a la crisis de refugiados provocada por la Segunda Guerra Mundial. La Convención sobre el Estatuto de los Refugiados de 1951 definió el alcance y el marco jurídico de la labor de la organización, que inicialmente se centró en los europeos desarraigados por la guerra. Desde finales de la década de 1950, ACNUR también se encargó de los desplazados que se vieron obligados a huir como consecuencia del levantamiento húngaro y de la descolonización de África y Asia. Con la Convención sobre los Refugiados de 1967, se amplió el ámbito geográfico y temporal de la ayuda a los refugiados, lo que supuso que ACNUR pasara a actuar en todo el mundo, especialmente en los países en desarrollo. Hasta el año 2015, la organización había ayudado a más de 50 millones de refugiados en todo el mundo. Su presupuesto anual ha pasado de 300.000 dólares en 1951 a 8.600 millones en 2019, lo que convierte a ACNUR en una de las mayores

organizaciones de la ONU existentes en la actualidad. ACNUR se financia mediante contribuciones voluntarias, principalmente de los Estados miembros de las Naciones Unidas. Entre los mayores donantes se encuentran Estados Unidos, la Unión Europea y Alemania. La labor de la organización incluye protección, refugio, atención médica y asistencia de emergencia, el apoyo al reasentamiento y la repatriación y la defensa de políticas nacionales y multilaterales en favor de los refugiados.

45 *N. del trad. alemán*: United Nations Korean Reconstruction Agency. La Agencia de las Naciones Unidas para la Reconstrucción de Corea llevó a cabo un programa de reconstrucción económica establecido por las Naciones Unidas para ayudar a Corea del Sur, devastada por la guerra. La propuesta del programa fue elaborada por Estados Unidos en 1950, después de que la victoria de las Naciones Unidas estuviera al alcance de la mano. El 1 de diciembre de 1950, la Asamblea General de las Naciones Unidas aprobó el programa. Sin embargo, la entrada de China en la guerra de Corea en octubre de 1950 frustró las esperanzas de que un programa de reconstrucción pudiera comenzar inmediatamente. Tras acordarse un armisticio en 1953, comenzó el programa de reconstrucción, que en un principio se concentró en ayudar a los refugiados de guerra y a las personas sin hogar. Se pusieron a disposición del programa unos 150 millones de dólares, la mayor parte de los cuales fueron aportados por Estados Unidos. El programa se suspendió en 1958.

46 *N. del trad. alemán*: Intergovernmental Committee for European Migration. Esta organización, fundada en 1951, ha sufrido varios cambios de nombre desde su creación. En el año de su fundación, se conocía inicialmente como Provisional Intergovernmental Committee for the Movement of Migrants from Europe (PICMME, en español Comité Intergubernamental Provisional para los Movimientos de Migrantes desde

Europa), antes de pasar a llamarse Intergovernmental Committee for European Migration (ICEM) en 1951, e Intergovernmental Committee for Migration (ICM, en español Comité Intergubernamental para las Migraciones) en 1980. Finalmente, en 1989 recibió el nombre que se sigue utilizando en la actualidad de Organización Internacional para las Migraciones (International Organization for Migration, IOM). La IOM es hoy la principal organización intergubernamental en el ámbito de las migraciones. En septiembre de 2016, la IOM se incorporó a las Naciones Unidas.

47 *N. del trad. alemán*: United States Escapee Program. El Programa de Refugiados de Estados Unidos se creó en 1952 a petición de Harry S. Truman. Como parte del programa, Estados Unidos pudo aumentar las cuotas para la admisión de refugiados soviéticos que no podían ser apoyados adecuadamente en Alemania Occidental debido a la falta de recursos y de espacio. El personal del USEP visitó a los refugiados soviéticos en Alemania para hablar de su situación y asesorarles personalmente. También estaba autorizado a gastar pequeñas cantidades de dinero en las necesidades inmediatas de los refugiados. En 1963, este programa de refugiados se suspendió oficialmente y fue sustituido por el programa más general de refugiados de Estados Unidos, conocido desde 1980 como United States Refugee Admissions Program (USRAP).

48 *N. del trad. alemán*: International Refugee Organization. La Organización Internacional de Refugiados se fundó el 20 de abril de 1946 como organización intergubernamental sucesora de la Administración de las Naciones Unidas para el Auxilio y la Rehabilitación (United Nations Relief and Rehabilitation Administration, UNRRA) con el fin de afrontar el enorme problema de los refugiados causado por la Segunda Guerra Mundial. Cuatro meses antes, una comisión preparatoria había

iniciado sus trabajos. En 1948 entró oficialmente en vigor el tratado por el que se creaba la IRO y esta se convirtió en una agencia especializada de las Naciones Unidas. En enero de 1952, la IRO suspendió oficialmente sus actividades y fue sustituida por el Alto Comisionado de las Naciones Unidas para los Refugiados (UNHCR/ACNUR). Entre los 26 países que se adhirieron a la IRO se encontraban Argentina, Australia, Bélgica, Bolivia, Brasil, Canadá, Chile, Dinamarca, Estados Unidos, Filipinas, Francia, Guatemala, Honduras, Islandia, Italia, Liberia, Luxemburgo, Noruega, Nueva Zelanda, Países Bajos, Panamá, Perú, Reino Unido, República Dominicana, Suiza y Venezuela. Estados Unidos aportó alrededor del 40 por ciento del presupuesto anual de la IRO, que ascendía a 155 millones de dólares, mientras que la contribución total de los miembros en los cinco años de su existencia ascendió a unos 400 millones de dólares

49 *N. del trad. alemán*: Nationality Law.

50 *N. del trad. alemán*: Entry into Israel Law.

51 *N. del trad. alemán*: Partido de los trabajadores de la Eretz Israel.

52 *N. del trad. alemán*: Partido de los Trabajadores Unidos.

53 *N. del trad. alemán*: En los primeros años del Estado de Israel, la aldea fue repetidamente registrada por el ejército, y cualquiera que no estuviera inscrito como residente antes de noviembre de 1948 podía ser deportado. El caso aquí mencionado suscitó duras críticas y, debido a la presión pública, se permitió regresar a la mayoría de los aldeanos. El estado de excepción se mantuvo en vigor en Abu Gosh hasta 1966.

54 El sociólogo Arie Altman (1902-1982) participó activamente en diversas organizaciones judías desde los años veinte y fue miembro de la Knéset de 1951 a 1965 por el partido Cherut (Libertad).

55 *HaTzofe* («El Observador») fue fundado en agosto de 1937 por el rabino Meir Bar-Ilan (1880-1949), que también fue el primer director del periódico.

56 *HaMishmar* (que significa «vigilante» o «en guardia») se fundó en 1943, y apareció por primera vez con este título en 1948. Durante un tiempo también hubo una edición en árabe.

57 *N. del trad. alemán*: El ataque a la aldea de Qibya, situada entonces en la Cisjordania jordana, tuvo lugar los días 14 y 15 de octubre de 1953, y fue llevado a cabo por tropas israelíes al mando de Ariel Sharon, la llamada Unidad 101, en el marco de la Operación Shoshanah. Las fuerzas israelíes masacraron a más de 69 aldeanos palestinos, dos tercios de los cuales eran mujeres y niños. Además, destruyeron 45 casas, una escuela y una mezquita. Israel presentó el ataque contra Qibya como una respuesta al ataque de Yehud, en el que unos jordanos mataron a una mujer israelí y a sus dos hijos. El incidente atrajo la atención mundial y fue condenado por el Departamento de Estado de Estados Unidos, el Consejo de Seguridad de la ONU y las comunidades judías.

58 *N. del trad. alemán*: El 28 de marzo de 1954, la unidad israelí 101 planeó un ataque contra una base de la Legión Árabe en la zona controlada por Jordania a cuatro kilómetros de Nahalin. Las fuerzas israelíes no alcanzaron la base y colocaron cargas explosivas en el pueblo, destruyendo siete casas, incluida una mezquita. En el ataque murieron cinco guardias nacionales, tres legionarios y una mujer, y dieciocho civiles —entre hombres, mujeres y niños— resultaron heridos.

59 *N. del trad. alemán*: Los acuerdos de armisticio de 1949 se cerraron entre Israel y sus estados vecinos Egipto, Líbano, Jordania y Siria. Ponían fin oficialmente a la guerra de Palestina de 1948 y establecieron también la llamada Línea Verde, que separaba el territorio controlado por los árabes (Cisjordania, ane-

xionada por Jordania y la Franja de Gaza, ocupada por Egipto) de Israel hasta la victoria de Israel en la Guerra de los Seis Días de 1967.

60 *N. del trad. alemán*: Fayez A. Sayegh (1922-1980) fue un diplomático, filósofo y politólogo árabe-estadounidense. Se le considera uno de los académicos más importantes que han realizado análisis sobre el movimiento de resistencia palestino contra el sionismo. Tras su doctorado, Sayegh trabajó para la embajada libanesa en Washington D.C., así como en las Naciones Unidas, además de enseñar en varias universidades de renombre. Entre 1952 y 1958 publicó cuatro estudios sobre Israel y el problema de los refugiados palestinos. En 1965, Sayegh fundó en Beirut el Centro de Investigación sobre Palestina (Palestine Research Center, PRC), y fue su director general durante un año. Ese mismo año, el Centro publicó su polémico *Colonialismo sionista en Palestina*. También fue el principal autor de la Resolución 3379, aprobada por la Asamblea General de las Naciones Unidas en 1975. La resolución apoyaba la opinión de que el sionismo era una forma de racismo.

61 Yekutiel Hugh Orgel nació en Londres en 1913 y murió en Tel Aviv en 1998. En 1947, Orgel consiguió escapar por poco del ataque de un grupo terrorista palestino contra la redacción del *Palestine Post*, para el que trabajaba en Jerusalén. Orgel ocupó posiciones importantes en la diplomacia y la economía israelíes. A partir de 1980 trabajó para la Jewish Telegraphic Agency durante dieciséis años.

62 Véase Rubin, Morris H. y Sheridan, Mary (ed.), *The Progressive*, número especial sobre Oriente Próximo, noviembre de 1957.

63 *N. del trad. alemán*: La medida de superficie llamada dunam (de *dönmek*, 'vuelta' en turco) se refería originalmente a una superficie que se podía arar en un día, y más tarde se definió como

una superficie cuadrada con una longitud lateral de 40 pasos.
En 1928, esta unidad de medida fue sustituida en el territorio
del Mandato Británico por el llamado dunam métrico de Palestina. Como tal se sigue utilizando hoy en día en Israel y los
territorios autónomos palestinos, Jordania y Líbano. Un dunam métrico equivale a 1.000 m².

64 Véase el anexo 8.

65 *N. del trad. alemán*: La Resolución 303 (IV), aprobada por la
Asamblea General de las Naciones Unidas el 9 de diciembre de
1949, reafirmó el apoyo a la creación de un *Corpus separatum*
Jerusalén. Este punto, contenido en el Plan de Partición de la
ONU para Palestina, preveía una zona internacional bajo la
administración de las Naciones Unidas para la ciudad y las comunidades aledañas.

66 *N. del trad. alemán*: Con la Resolución 56, aprobada por el
Consejo de Seguridad de las Naciones Unidas el 19 de agosto
de 1948, se decidió que las partes en conflicto serían responsables de todas sus fuerzas armadas regulares e irregulares que se
comprometieran a respetar el alto el fuego y que cualquier rup-
tura del alto el fuego sería objeto de procedimientos legales.
Además, el Consejo de Seguridad decidió que ninguna de las
partes en conflicto podían romper el alto el fuego en represalia
por otra violación y que ninguna de las partes tenía derecho a
obtener ventajas militares o políticas violando el alto el fuego.

67 *N. del trad. alemán*: En la Resolución 114 (S-2), aprobada el
20 de diciembre de 1949, el Consejo de Administración Fiduciaria expresó su preocupación por el traslado de ciertos ministerios y autoridades centrales del Gobierno de Israel a Jerusalén, ya
que estas medidas eran incompatibles con las disposiciones establecidas en el párrafo II de la Resolución 303 (IV) y dificultaban
el establecimiento de una zona internacional bajo la administración de las Naciones Unidas. El Consejo de Administración

Fiduciaria decidió asimismo instar al Gobierno de Israel a adoptar una posición por escrito sobre los puntos aprobados en la Resolución 303 (IV), a rescindir sus medidas y a abstenerse de cualquier acción que pudiera obstaculizar la aplicación de la resolución del 9 de diciembre de 1949.

68 *N. del trad. alemán*: Hussein ibn Ali fue emir del Hiyaz y gran jeque de La Meca de 1908 a 1916 y rey del Hiyaz de 1916 a 1924.

69 *N. del trad. alemán*: Hussein bin Talal fue rey de Jordania de 1952 a 1999.

70 *N. del trad. alemán*: Abd al-Aziz ibn Saud descendía de la dinastía saudí y en 1932 fundó el actual Reino de Arabia Saudí, que gobernó hasta su muerte en 1953.

71 *N. del trad. alemán*: El artículo 39 de la Carta de las Naciones Unidas dice: «El Consejo de Seguridad determinará si existe una amenaza o quebrantamiento de la paz o un acto de agresión; hará recomendaciones o decidirá las medidas que deban tomarse en virtud de los artículos 41 y 42 con el fin de mantener o restablecer la paz mundial y la seguridad internacional». <https://unric.org/de/charta/#kapitel7>, última consulta: 18 de marzo de 2024.

72 *N. del trad. alemán*: El 24 de abril de 1950, Jordania se anexionó oficialmente el territorio situado al oeste del Jordán.

73 *N. del trad. alemán*: La Convención de Constantinopla estableció el estatus del canal de Suez en el derecho internacional. El tratado sobre el uso neutral del canal de Suez fue firmado el 29 de octubre de 1888 por las grandes potencias de la época —el Reino Unido, el Imperio alemán, Austria-Hungría, España, Francia, Italia, los Países Bajos, el Imperio ruso y el Imperio otomano—. El Khedivat de Egipto, por cuyo territorio discurría el canal y al que debían revertir todas las acciones de la Compañía del Canal de Suez tras la expiración del contrato de

arrendamiento de la compañía para gestionar el canal, no fue invitado a las negociaciones y no firmó el tratado. La convención, que sigue vigente hoy en día, garantiza el libre paso de buques mercantes y de guerra de todas las banderas en tiempos de paz y de guerra.

74   La entrevista, nominada para el Premio Pulitzer, la hizo Paul Sann (1914-1986), que trabajó en el *Post* de 1931 a 1977. El periódico pasó después a manos de Rupert Murdoch y se convirtió en un tabloide de derechas.

75   *Falastin* («Palestina») comenzó como semanario en 1911 y fue diario desde 1929 hasta que dejó de publicarse en 1967.

76   *N. del trad. alemán*: La Ley del Retorno fue aprobada por la Knéset el 5 de julio de 1950 y otorga a los judíos, a las personas con uno o más abuelos judíos y a sus cónyuges el derecho a inmigrar a Israel y a solicitar la ciudadanía israelí.

77   Véase el *Informe anual del Comisionado General del Organismo de Obras Públicas y Ayudas de las Naciones Unidas para los Refugiados de Palestina en Oriente Próximo (UNRWA) correspondiente al periodo comprendido entre el 1 de julio de 1956 y el 30 de junio de 1957*, Documentos Oficiales de la Asamblea General, duodécima sesión, suplemento n.º 14, documento de la ONU n.º A/3686.

78   *N. del trad. alemán*: United Nations Relief for Palestine Refugees.

79   *Informe especial del Comisionado General y de la Comisión Asesora de la UNRWA a la Asamblea General*, Procotolos Oficiales de la Asamblea General, novena sesión, suplemento n.º 17 A, documento de la ONU n.º A/2717, p. 2, párr. 19.

80   Véase *Informe final de la United Nations Economic Survey Mission for the Middle East*, 28 de diciembre de 1949, documento de la ONU n.º A/AC.25/6, partes 1 y 2. Sibylla G. Thicknesse estima el número de verdaderos refugiados en 713.000. Véase

Thicknesse, Sibylla G., *Arab Refugees. A Survey of Resettlement Possibilities*, Londres, 1949, p. 6.

81 Nathan, Robert; Gass, Oscar y Creamer, Daniel, *Palestine. Problem and Promise - An Economic Study*, Washington D. C., 1946, p. 130.

82 Véase el *Informe del Secretario General sobre la asistencia a los refugiados de Palestina*, 4 de noviembre de 1949, documento de la ONU n.º A/1006, p. 20.

83 *Informe del Comisionado General de la UNRWA a la Asamblea General*, Protocolos Oficiales de la Asamblea General, séptima sesión, suplemento n.º 13, documento de la ONU n.º A/2171, p. 3, párr. 15.

84 *Informe especial del Comisionado General y de la Comisión Asesora de la UNRWA a la Asamblea General*, Protocolos Oficiales de la Asamblea General, novena sesión, suplemento n.º 17, documento de la ONU n.º A/2717, p. 2, párr. 11.

85 *Informe especial del Comisionado General y de la Comisión Asesora de la UNRWA a la Asamblea General*, Protocolos Oficiales de la Asamblea General, novena sesión, suplemento n.º 17 A, documento de la ONU n.º A/2717, p. 2, párr. 21.

86 El 25 de enero de 1956, el periódico jordano *Falastin* informó a sus lectores de que el Gobierno había denegado a la UNRWA el permiso para determinar el número de niños refugiados palestinos en Jordania.

87 *Informe del Comisionado General de la UNRWA a la Asamblea General*, Protocolos Oficiales de la Asamblea General, Séptima Sesión, suplemento n.º 13, documento de la ONU n.º A/2171, p. 3, párr. 16.

88 *Informe especial del Comisionado General y de la Comisión Asesora de la UNRWA a la Asamblea General*, Protocolos Oficiales de la Asamblea General, novena sesión, suplemento n.º 17, documento de la ONU n.º A/2717, p. 3, párr. 16.

89 *N. del trad. alemán*: International Bank for Reconstruction and Development.

90 Los informes elaborados por el Banco Internacional de Reconstrucción y Desarrollo sobre el desarrollo económico de Siria y sobre el desarrollo económico de Irak.

91 *N. del trad. alemán*: Anglo-American Committee of Inquiry. El Comité de Investigación Angloamericano fue un comité mixto británico y estadounidense que se reunió en Washington D.C. el 4 de enero de 1946. Al comité se le encargó investigar las condiciones políticas, económicas y sociales en la Palestina del Mandato y consultar a los representantes de judíos y árabes con el fin de hacer recomendaciones para una solución diplomática al conflicto entre judíos y árabes en la Palestina del Mandato. El informe resultante, titulado *Report of the Anglo-American Committee of Enquiry Regarding the Problems of European Jewry and Palestine*, se publicó en Lausana el 20 de abril de 1946.

92 *N. del trad. alemán*: En el original, sin referencia a la fuente.

93 Informe final de la *United Nations Economic Survey Mission for the Middle East,* 28 de diciembre de 1949, documento de la ONU n.º a/AC.25/6, parte I.

94 Véase Keen, Bernard A., *The Agricultural Development of the Middle East*, Londres, 1946.

95 Véase Campbell, John C., *Defense of the Middle East. Problems of American Policy,* Nueva York, 1958.

96 *N. del trad. alemán*: El término «revolución de las expectativas crecientes» se popularizó en la década de 1950 en las discusiones sobre la política exterior y de ayuda al desarrollo en Estados Unidos. Se utilizó para describir la esperanza de los países más pobres en un futuro mejor tras la descolonización de posguerra.

97 *N. del trad. alemán*: El Committee for Economic Development of The Conference Board es un grupo de reflexión sobre polí-

tica pública estadounidense sin ánimo de lucro y no partidista. El consejo de administración está formado principalmente por destacados representantes de la comunidad empresarial estadounidense. A esta organización se le atribuye el mérito de haber cooperado en la elaboración del Plan Marshall.

98 Véase Meyer, Albert J., «Development Plans in the Middle East», transcripción de una ponencia realizada en una conferencia de trabajo sobre la evolución, los objetivos, los planes y las perspectivas en Oriente Próximo, The Middle East Institute, Washington D.C., enero/febrero de 1958.

99 *N. del trad. alemán*: Arthur C. Millspaugh (1883-1955) fue politólogo y asesor de la División de Comercio Exterior del Departamento de Estado de Estados Unidos. De 1922 a 1927 y de 1942 a 1945 fue responsable de la reorganización del Ministerio de Finanzas iraní. Gracias a su ayuda, Irán consiguió cierta independencia de los créditos extranjeros para mantener su economía. Millspaugh consiguió que se introdujera una serie de reformas, incluida una nueva ley fiscal que golpeó duramente a los pobres, pero financió el proyecto del ferrocarril transiraní que puso en ejecución el sha Mohammad Reza Pahlavi en 1927. El éxito de la misión se vio obstaculizado por rivalidades políticas internas y casos de corrupción.

100 *N. del trad. alemán*: Overseas Consultants Inc. se fundó en la década de 1940 por la fusión de once importantes empresas estadounidenses de ingeniería y gestión. Entre otras cosas, la empresa trabajaba en países en desarrollo que, desde finales de la década de 1940, querían elevar su nivel de vida aumentando la producción de alimentos, recursos naturales y bienes industriales. Irán encargó a Overseas Consultants Inc. que le asesorara sobre un programa de desarrollo. La empresa realizó para ello un estudio detallado que hoy ofrece una visión histórica del desarrollo económico de Irán a finales de la década de 1940.

101   Véase Coon, Carleton S., *Caravan. The Story of the Middle East*, Nueva York. 1951; Badre, Albert Y., «A Middle Easterner Looks at Regional Development», transcripción de una ponencia hecha en una conferencia de trabajo sobre desarrollos, objetivos, planes y perspectivas en Oriente Próximo, The Middle East Institute, Washington D.C., enero/febrero de 1958; y Glubb, John B., *A Soldier with the Arabs*, Nueva York, 1957.

102   Véase Bonne, Alfred, *Studies in Economic Development. With Special Reference to Conditions in the Underdeveloped Areas in Western Asia and India*, Londres, 1957, así como su *State and Economics in the Middle East*, Londres, 1948.

103   Véase Badre, Albert Y., «A Middle Easterner Looks at Regional Development».

104   Véase Comisión Económica de las Naciones Unidas para Asia y el Extremo Oriente, *Mobilization of Domestic Capital in Certain Countries of Asia and the Far East*, Bangkok, 1951.

105   Para más información, véase Shwadran, Benjamin, *The Middle East, Oil and the Great Powers*, Nueva York, 1955.

106   Véase Departamento de Asuntos Económicos y Sociales de las Naciones Unidas (UN DESA), *Economic Developments in the Middle East 1954-1955*, suplemento del Informe económico para el año 1955, documento de la ONU n.º E/2880 ST/ECA/39, Nueva York, 1956.

107   *Ibid.*

108   *Ibid.*

109   *N. del trad. alemán*: La presa de Karche aún no estaba en construcción en ese momento. Aunque la empresa estadounidense Development and Resources Corporation comenzó a planificar la presa en 1956, esta no se terminó hasta 1990 por obra de la oficina técnica Mahab Ghodss. Los trabajos de construcción tuvieron lugar finalmente entre 1992 y 2001.

110   *N. del trad. alemán*. En el original sin referencia a la fuente.

111   *N. del trad. alemán*: La presa de Samarra, terminada en 1956, está situada en el Tigris, al oeste de la ciudad de Samarra, y se utilizó principalmente para proteger de las inundaciones las zonas y lugares situados río abajo, especialmente Bagdad. El agua de las inundaciones puede canalizarse hacia la parte sur del lago Tharthar a través del canal de Tharthar, de 75 kilómetros de longitud.

112   *N. del trad. alemán*: La presa de Ramadi, terminada en 1956, está situada a 2 kilómetros al oeste de la ciudad de Ramadi, junto al Éufrates, y sirve para proteger de las inundaciones las zonas y lugares situados río abajo. El agua de las inundaciones puede canalizarse hacia el lago al-Habbaniyya, situado a unos 12 kilómetros al sur.

113   *N. del trad. alemán*: En el curso del golpe de Estado del 14 de julio de 1958, oficiales nacionalistas de las fuerzas armadas iraquíes bajo la dirección del general Abd al-Karim Qasim y del coronel Abdul Salam Arif derrocaron al rey Faisal II, sellando el fin de la monarquía probritánica. La República iraquí que se fundó como resultado también puso fin a la Federación Árabe entre el Reino Hachemita de Irak y Jordania, que se había fundado solo seis meses antes.

114   *N. del trad. alemán*: El proyecto de Ghab se inició en 1953 y se considera uno de los proyectos de ingeniería hidráulica más importantes del norte de Siria. Debido a una ligera pendiente, el río Orontes no suministraba suficiente agua a las zonas circundantes de la llanura de Ghab. El proyecto permitió dedicar grandes extensiones de tierra a la agricultura y estableció nuevos sistemas de irrigación que incluían tanto presas como redes de canales para el riego y el drenaje.

115   *N. del trad. alemán*: La construcción de la presa en el río más largo del Líbano, el Litani, comenzó en 1959 y se terminó en los años sesenta. La presa creó el mayor lago artificial del Lí-

bano, el embalse de Qaraoun, en el sur de la llanura de la Be-
kaa. La superficie del lago es de unos 12 kilómetros cuadrados
y tiene una capacidad de 220 millones de metros cúbicos.

116 *N. del trad. alemán*: Banco de Exportación e Importación de
Estados Unidos.

117 *N. del trad. alemán*: Es el informe final de la United Nations
Economic Survey Mission for the Middle East, elaborado
bajo la dirección de Gordon R. Clapp.

118 Véase Stevens, Georgiana G., *The Jordan River Valley*, Nueva
York, 1956.

119 Departamento de Asuntos Económicos y Asuntos Sociales
de las Naciones Unidas (DESA de la ONU), *Measures for the
Economic Development of Underdeveloped Countries*, Informe
de un grupo de expertos nombrado por el secretario general de
las Naciones Unidas, documento de la ONU n.º E/1986 ST/
ECA/10, Nueva York, 1951.

120 *N. del trad. alemán*: Se refiere al conde Folke Bernadotte.

121 «En kerem» («fuente de los viñedos») es un barrio de Jerusalén
y un lugar de peregrinación, ya que según la tradición cristiana
allí nació Juan el Bautista.

122 Pueblo organizado como cooperativa («moshav»), que fue el
primero en fundarse fuera de las murallas de Jerusalén en 1854.

123 Un barrio árabe de Jerusalén Este.

124 Witkamp, F. Theodore, *The Refugee Problem in the Middle East*,
informe del Grupo de Investigación sobre Problemas Migratorios Europeos (Research Group for European Migration
Problems, REMP), vol. 5, n.º 1, La Haya, enero-marzo de 1957.

125 *N. del trad. alemán*: La empresa fundada en 1909, antigua-
mente la Anglo-Persian Oil Company (APOC), fue la pre-
cursora de la British Petroleum Company y de la actual BP.

126 Thicknesse, Sibylla G., *Arab Refugees. A Survey of Resettlement Possibilities*, Londres, 1949.

127 Knéset, *Divrei Haknesset*, Actas plenarias de la Knéset de 1954, Jerusalén, 1954.

128 Middelmann, Werner, *The Problem of Expellees and Refugees in the Federal Republic of Germany*, Bonn 1957.

129 Según una carta al autor del señor D. B. Lahiri, Director del Indian Statistical Institute (ISI), Calcuta.

130 Rees, Elfan, *Century of the Homeless Man*, editado por Carnegie Endowment for International Peace, *International Conciliation*, n.º 515, Nueva York, 1957. (*N. del trad. alemán*: Versión alemana: Rees, Elfan, *Jahrhundert des Heimatlosen. Die Geschichte der Flüchtlinge in unseren Tagen*, arriba indicado, Stuttgart, 1959).

131 *Ibid.*

132 *Ibid.*

133 *N. del trad. alemán*: En el original sin referencia a la fuente.

134 La cronología aquí impresa para el periodo comprendido entre el 29 de noviembre de 1947 y el 9 de marzo de 1957 es un extracto de Mezerik, Avrahm G. (ed.), *The Refugee Problem in The Middle East*, *International Review Service*, vol. 3, n.º 31, Nueva York, 1957. Se han añadido otros acontecimientos para actualizar la cronología hasta agosto de 1958.

135 *N. del trad. alemán*: El atentado fue perpetrado en Jerusalén por miembros del grupo Lechi, una organización clandestina paramilitar sionista cuyos ataques iban dirigidos inicialmente contra el dominio del Mandato Británico sobre Palestina.

136 *N. del trad. alemán*: Estados Unidos, Argentina, Colombia, la Unión Soviética y la República Socialista Soviética de Ucrania votaron a favor.

137 *N. del trad. alemán*: En los protocolos de las Naciones Unidas, la resolución correspondiente (69) está fechada el 4 de marzo de 1949. Véase <http://unscr.com/en/resolutions/doc/69>, última consulta: 9 de febrero de 2024.

138 *N. del trad. alemán*: China, Francia, Estados Unidos, la Unión Soviética, Argentina, Canadá, Cuba, Noruega y la República Socialista Soviética de Ucrania votaron a favor.

139 *N. del trad. alemán*: Votaron a favor Argentina, Australia, Bolivia, Canadá, Chile, China, Colombia, Costa Rica, Cuba, Checoslovaquia, la República Dominicana, Ecuador, Francia, Guatemala, Haití, Honduras, Islandia, Liberia, Luxemburgo, México, Nicaragua, Noruega, Nueva Zelanda, Países Bajos, Panamá, Paraguay, Perú, Filipinas, Polonia, la República Socialista Soviética de Bielorusia, la República Socialista Soviética de Ucrania, Sudáfrica, la Unión Soviética, Estados Unidos, Uruguay, Venezuela y Yugoslavia. Votaron en contra Afganistán, Birmania, Egipto, Etiopía, India, Irán, Irak, Líbano, Pakistán, Arabia Saudí, Siria y Yemen. Los Estados miembros Bélgica, Brasil, Dinamarca, El Salvador, Grecia, Tailandia, Suecia, Turquía y el Reino Unido se abstuvieron.

140 *N. del trad. alemán*: Esto incluye tanto los bienes inmuebles como los bienes muebles.

141 *N. del trad. alemán*: Abdallah ibn Husain I fue asesinado a tiros por un palestino en la mezquita al-Aqsa de Jerusalén.

142 *N. del trad. alemán*: Central Treaty Organization (CENTO).

143 *N. del trad. alemán*: La Alianza de Defensa fue inicialmente firmada por Irak y Turquía el 24 de febrero de 1955. Estados Unidos tenía estatuto de observador en el marco de la Alianza.

144 *N. del trad. alemán*: Los Cuatro Grandes, también conocidos como el «Consejo de los Cuatro», incluyen a los jefes de gobierno de las potencias vencedoras de la Primera Guerra Mundial, es decir, Francia, Gran Bretaña, Italia y Estados Unidos.

145 *N. del trad. alemán*: United Nations Emergency Force.

146 *N. del trad. alemán*: La unión de los reinos de Irak y Jordania se conoce hoy generalmente como la Federación Árabe.

147 *N. del trad. alemán*: El golpe se produjo el 14 de junio.

148 *N. del trad. alemán*: El traductor ha añadido más datos para un mejor discernimiento.

149 *N. del trad. alemán*: Se ha completado la literatura con datos adicionales.

150 *N. del trad. alemán*: La versión que figura aquí es la segunda edición del libro, que se publicó por primera vez en 1940 con el título *The Jewish War Front* por la editorial londinense George Allen & Unwin Ltd. Versión alemana: Wladimir Z. Jabotinsky, *Die jüdische Kriegsfront*, traducido del inglés por Lars Fischer, editado por Renate Göllner, Anselm Meyer y Gerhard Scheit, Friburgo, 2021, en particular el capítulo 18, «Zur Versachlichung der Annahmen über den Status der Araber», *ibid.* pp. 165-174.

151 *N. del trad. alemán*: Versión alemana: Rees, Elfan, *Jahrhundert des Heimatlosen. Die Geschichte der Flüchtlinge in unseren Tagen*, sin fecha, Stuttgart, 1959.

152 *N. del trad. alemán*: Ambos artículos de Wheeler figuran y se resumen en el original bajo el título «The Arab World» sin mencionar al autor.

153 *N. del trad. alemán*: Se han añadido más detalles para un mejor conocimiento.

154 *N. del trad. alemán*: La organización internacional del movimiento de derechos humanos pasó a llamarse International League for Human Rights (ILHR) en 1976.

SOBRE ESTA EDICIÓN

EPÍLOGO

1   Paz, Ayala y Kook, Rebecca, «Yearning for a Home: Peter Bergson and Hannah Arendt on the Palestinian Refugee Problem», en *Ethnopolitics,* vol. 20, n.º 2, 2021, pp. 244-268.

2   Existen innumerables libros sobre la fundación del Estado de
    Israel y el problema de los refugiados palestinos. Algunos ejemplos
    son: Morris, Benny, *The Birth of the Palestinian Refugee Problem,
    1947-1949*, Cambridge, 2004 y Penkower, Monty Noam, *Pales-
    tine to Israel: Mandate to State, 1945-1948*, 2 vols., Brookline,
    2019. Hasta qué punto los análisis de la historia de la fundación
    del estado y la guerra entre unidades judías y árabes en Israel y
    Palestina en 1947-1948 siguen estando determinados por cate-
    gorías políticas de aquella época lo demuestra Morris, Benny,
    1948: A History of the First Arab-Israeli War, New Haven/Lon-
    dres, 2008. Véase Heller, Joseph, «Review: Benny Morris, 1948»,
    en *Middle Eastern Studies*, vol. 45, n.º 3, 2009, pp. 526-529. Una
    interpretación diferente a la de Morris la ofrece Tal, David, *The
    War in Palestine 1948: Strategy and Diplomacy*, Londres, 2004.
3   Véase para más detalles Meyer, Thomas, *Hannah Arendt. Die
    Biografie*, Múnich, 2024, pp. 35-208.
4   *Ibid.*, pp. 209-284. Los comentarios que aquí se hacen están
    basados en una investigación publicada por primera vez en la
    biografía.
5   Véase Arendt, Hannah, *Vor Antisemitismus ist man nur noch auf
    dem Monde sicher. Beiträge für die deutsch-jüdische Emigranten-
    zeitung «Aufbau» 1941-1945*, en Knott, Marie Luise (ed.), Mú-
    nich, 2004.
6   Los textos publicados en yiddish en periódicos y revistas esta-
    dounidenses han sido editados por Na'ama Rokem (Universidad
    de Chicago) como parte de la edición crítica completa de los
    escritos de Arendt.
7   Los textos correspondientes pueden encontrarse en *Aufbau* y
    otras revistas. Por lo que se ha podido averiguar, no apareció
    ningún artículo en revistas inglesas en esta época. Véase la bi-
    bliografía de Ursula Ludz, *Hannah Arendt, Ich will verstehen.
    Selbstauskünfte zu Leben und Werk*, Múnich 2013, pp. 257-341.

8   Arendt, Hannah, «Concerning Minorities», en *Contemporary Jewish Record*, vol. 7 (1944), pp. 353-368. El ensayo se incluyó más tarde con modificaciones en el libro *The Origins of Totalitarianism*, publicado en 1951.

9   El demócrata James A. Wright y el republicano Ranulf Compton ya habían presentado una resolución casi idéntica en la Cámara de Representantes el 27 de enero. Véase Dinin, Samuel, «Zionist and Pro-Palestine Activities», en *The American Jewish Year Book*, vol. 46 (1945/5705), pp. 169-186; aquí p. 172 y s.

10 Congressional Record - Senate 1944, Washington, 1944, p. 963.

11 *Toward Peace and Equity. Recommendations of the American Jewish Committee*, Nueva York, 1946, p. 8 y ss.

12 Véase <https://www.presidency.ucsb.edu/documents/messagethecongress-transmitting-the-11th-annual-report-united-states-participation-the>(última consulta: 12 de marzo de 2024).

13 Brickner, Balfour, *As Driven Sand: The Arab Refugees*, Nueva York, 1958.

14 Polk, William R., Stamler, David M. y Asfour, Edmund, *Backdrop to Tragedy*, Cambridge (Mass.), 1958.

15 Un año después se publicó una edición en inglés: Kaplan, Deborah, *The Arab Refugees. An abnormal Problem*, Jerusalén, 1959.

16 Véase Sinn, Andrea, *«Und ich lebe wieder an der Isar». Exil und Rückkehr des Münchner Juden Hans Lamm*, Múnich, 2008.

17 Peretz, Don, *Israel and the Palestine Arabs*, Washington, 1958. Once años más tarde, Peretz completó este estudio con un ensayo que no solo era similar en su título a la solución propuesta aquí reimpresa: Peretz, Don, «The Palestine Arab Refugee Problem», Nueva York, 1969, que había escrito por encargo de la conservadora Rand Corporation. Aunque fue uno de los autores de «El problema de los refugiados» en 1958, se distanció

ligeramente de la idea de que una organización recién fundada determinara y luego evaluara el deseo de retorno de los palestinos. Al mismo tiempo, esperaba que esto demostrara claramente la necesidad de una solución a los políticos árabes e israelíes bienintencionados. Véase también Peretz, Don, «The Palestine Arab Refugee Problem», en *Jewish Social Studies*, vol. 21, n.º 4, 1959, pp. 219-227; aquí, p. 226 y ss. En la sesión anual de la revista *Jewish Social Studies* se pronunció una conferencia sobre este tema. Arendt estuvo presente.

18 En la Pascua de 1903 tuvo lugar allí uno de los pogromos más publicitados del mundo, en el que fueron asesinados 49 judíos.

19 Véase Baumel, Judith Tydor, *The «Bergson Boys» and the Origins of Contemporary Zionist Militancy*, Siracusa, 2005. Sobre la fase inicial de los Bergson Boys en Estados Unidos y en Israel y Palestina, es útil el libro de Medoff, Rafael, *Militant Zionism in America. The Rise and the Impact of the Jabotinsky Movement in the United States, 1926-1948*, Tuscaloosa/Londres, 2006. Sigue siendo importante el artículo de Penkower, Monty Noam, «In Dramatic Dissent - The Bergson Boys», en *American Jewish History*, vol. 70, n.º 3, 1981, pp. 281-309. Existen numerosos relatos populares sobre los Bergson Boys y algunas memorias, entre ellas la del propio Merlin. De especial interés son las reflexiones del filósofo Joseph Agassi, *National Liberalism for Israel. Towards an Israeli National Identity*, Jerusalén/Nueva York, 1999, que se detiene en las ideas de Hillel Cook y los Bergson Boys.

20 Sobre todas estas conexiones, véase la obra de referencia de Wyman, David S. y Medoff, Rafael, *A Race Against Death: Peter Bergson, America, and the Holocaust*, Nueva York, 2004.

21 Véase el mencionado ensayo de Dinin, pp. 177-179. Incluso en los años ochenta, importantes investigadores del Holocausto como Lucy S. Dawidowicz y Yehuda Bauer se negaron a participar en conferencias o proyectos en los que estuvieran impli-

cados Samuel Merlin o su entorno. En junio de 1983, Dawidowicz publicó un texto extremadamente duro contra Merlin
en la revista *Commentary*, que suscitó numerosas reacciones y
rectificaciones hasta del propio Merlin. Conviene recordar aquí
brevemente que en los años setenta y ochenta aparecieron en
Israel y Estados Unidos numerosos estudios que abordaban la
cuestión de la responsabilidad de las clases dirigentes sionistas
con los judíos de Europa durante la Segunda Guerra Mundial.
Puede ser aquí suficiente la referencia al análisis de la bibliografía en Segev, Tom, *Die siebte Million. Der Holocaust und
Israels Politik der Erinnerung*, Reinbek, 1995.

22 <https://de.wikipedia.org/wiki/Altalena> (última consulta:
7 de abril de 2024).

23 Estos datos proceden del estudio basado en archivos de Tovy,
Jacob, *Israel and the Palestinian refugee issue. The formulation of
a policy, 1948-1956*, Londres/Nueva York, 2014.

24 Las cartas están archivadas en el legado de Arendt bajo el epí-
grafe «Institute for Mediterranean Affairs», y pueden consul-
tarse libremente *online*.

25 Arendt, Hannah, «Peace or Armistice in the Near East?», en
Review of Politics, vol. 12, n.º 1, 1950, pp. 56-82.

26 Las primeras reflexiones se incluyeron en un folleto gratuito de
dieciséis páginas presentado en 1958, que se envió bajo el título «Toward Arab-Israeli Conciliation» («Hacia la conciliación
árabe-israelí»).

27 Arendt, Hannah, *The Human Condition*, Chicago, 1958.

28 Arendt, Hannah, *Rahel Varnhagen. Lebensgeschichte einer deutschen
Jüdin aus der Romantik*, con epílogo de Liliane Weissberg, Múnich, 2023.

29 Arendt, Hannah, *Elemente und Ursprünge totaler Herrschaft.
Antisemitismus – Imperialismus – Totalitarismus*, con epílogo de
Jens Hacke, Múnich, 2023.

30 Arendt, Hannah, *Die Ungarische Revolution und der totalitäre Imperialismus*, Múnich, 1958. En la edición de las conferencias y ensayos de Arendt, de la que es responsable el editor, el largo ensayo se incluirá en el volumen III, cuya aparición está prevista para la primavera de 2025.

31 Arendt, Hannah; Jaspers, Karl, *Briefwechsel. 1926-1969*, ed. de Köhler, Lotte y Saner, Hans, Múnich, 1985, p. 394 (p. 309 en edición e-book).

32 Sobre el programa del presidente egipcio, véase Nasser, Gamal Abdul, *Egypt's Liberation: The Philosophy of the Revolution*, Washington D. C., 1955.

33 Arendt, Hannah; Jaspers, Karl, *Briefwechsel. 1926-1969*, p. 396 y s. (p. 311 y s. en edición e-book).

34 Lerner también publicó resúmenes de este tipo en Estados Unidos; aquí no se mencionaba a Arendt.

35 Como era habitual en la época, se reimprimieron reportajes y comentarios seleccionados del *New York Times* en numerosos periódicos regionales. Eso se hizo también aquí.

36 El editor prepara una valoración más detallada del «Institute», su historia, estructura, objetivos y estudios. La documentación, extremadamente dispar, se encuentra en la biblioteca Beinecke de la Universidad de Yale. Sin embargo, en la documentación fragmentada de varias personas se encuentran numerosas correspondencias importantes para un futuro análisis.

37 Cabe destacar aquí la obra de referencia de Albanese, Francesca P. y Takkenberg, Lex, *Palestinian Refugees in International Law*, Oxford, 2020.

38 Knott, *Monde* (véase la nota 5), «Sprengstoff-Spießer vom 16. Juni 1944», pp. 147-151; aquí, p.149.

«Para viajar lejos no hay mejor nave que un libro».

EMILY DICKINSON

Gracias por tu lectura de este libro.

En **penguinlibros.club** encontrarás las mejores
recomendaciones de lectura.

Únete a nuestra comunidad y viaja con nosotros.

penguinlibros.club

Penguin
Random House
Grupo Editorial

penguinlibros

Este libro
se terminó de imprimir en
Móstoles, Madrid,
en el mes de mayo de 2025